DAMANHUR
WISDOM

【時間の帝国】宇宙ラストウォー

フェニーチェ・フェルチェ
Fenice Felce
ジュゴン・クスノキ
Dugongo Canfora

ヒカルランド

フェニーチェ・フェルチェ（語り）

ジュゴン・クスノキ（通訳）

高度な知性を持つエンキドウ
（P61～P64、P132～P165）

宇宙へ旅をするアッサメン
（P67～P69）

星の存在ノーエ
（P70）

海の上を飛び続けるエイリアン
(P110～P115)

大事なことを書き（刻み）続けるエイリアン
（P120〜P125）

自分のコピーで進化に向かう速さのエイリアン
（P126〜P130）

人間がどれほど偉大な宇宙に探究の領域を拡げていったとしても、結局のところ見つかるのは常に「人間」なのです。
私たちの地球では、炭素に基づいた有機体が人間の肉体ですが、もし、ケイ素に基づく星であれば、彼らはロボットのような肉体になります。
けれど、人間であれば、そこに宿っている魂は彼らも私たちも同様で、同じ人間です。

ダマヌール創始者　ファルコ・タラッサコ

目次

DAMANHUR WISDOM

究極の一（イチ）に戻る

エイリアンとの共存

個にして全体となる

精神性の高いエイリアン
エンキドゥとのエピソード

宇宙の存在意識

本作品は、2019年11月に開催された、ダマヌール日本ワンディセミナーin東京「宇宙の惑星の文明」を収録し、まとめたものです。

カバーデザイン　櫻井　浩（⑥Design）
イラスト　TONNO（Yuko Takanaga）
校正　麦秋アートセンター
編集協力　宮田速記
本文仮名書体　文麗仮名（キャップス）

究極の一（イチ）に戻る

宇宙に存在する多種多様な生命体

皆さんに最初にお尋ねいたします。

エイリアンはいると信じていますか？

見たことはありますか？

「宇宙の惑星の文明」と言った場合、アトランティス、そしてアトランティス以前の古代の文明も含まれます。

本日のセミナー（２０１９年11月）では、どこかで見たり聞いたりしてきたことではなく、ダマヌールの独自の体験とリサーチをもとに、私たちが実際にコンタクトをする星々のお話をしましょう。


正直言って、私は日本政府のＵＦＯはいないとか、地球外生命体はいないという見解にがっかりしました。

ハッブル望遠鏡ができてから、観察すればするほど、地球と同じような環境の星は銀河ほど多くの数に増えています。こんなにたくさんの星があるのに、なぜ地球だけにしか生命体が存在しないと思っているのか。おかしいと思いませんか。

観察手法が良くなり、天の川銀河自体の大きさには、それ以前の見解とは大きな誤差があることがわかりました。1年前までは、天の川銀河は小さな渦を巻いていて、楕円形の螺旋になり、楕円形の一番長いところが10万光年ということでした。ところが測定し直したら、なんと30万光年ということで、一気に3倍になったわけです。

実は天の川銀河というのは、宇宙にたくさん存在している銀河の中でも小さい方の部類です。その天の川銀河だけでも、地球とよく似た環境の星が少なくとも5000万個存在しているということが、公式見解として発表されたわけです。

地球はすばらしい星ですが、天の川銀河のかなり郊外にある小さな星で、地球よりももっと大きな星々が宇宙にはあって、小さな銀河から大きな銀河まで何十億という銀河が存在しています。

天の川銀河だけでも、地球のように生命体が存在し得る星が5000万もあるのに、生命体が地球の人間だけというのは不自然です。

宇宙は、全て必然があって存在しています。私たちの進化がかなうのは、物質世界の体験を通してだけです。こんなに多くの多種多様な星々が存在する創造された宇宙の中で、進化する生命体がこの星だけにしかいないということであれば、創造したこと自体がムダになります。そんなことはあり得ません。

私たちの魂、精神という神様のエッセンスの部分が、さまざまな異なった形の中で体験を蓄積していくことで、より進化するために創造された宇宙だというのが、ダマヌールの前提となる考え方です。全ての星々に異なったさまざまな形の生命体が存在していると考えるのが自然ではないでしょうか。

神様のエッセンスが宿り命となる

宇宙全てにさまざまな異なった生命が存在しているというのは、ダマヌールの考え方からすれば当然です。命とは何かと言ったら、肉体という形のことではありません。形には初めは生命が宿っていません。魂、神様のエッセンスという精神的な部分が宿って、初めて命としての動きが生まれるわけです。

生命というのは、形に動きをもたらす原動力です。全ての形の中に神様の部分である生命の種が宿って初めて宇宙全体が存在しているというのが、私たちのリサーチの結論です。

私たちと同じような肉体を持った形をしたものだけが生命であるという定義は、全く理解できません。それぞれの星によって自然環境が異なります。神様のエッセンスを宿す個とその魂が進化するために、異なった形のさまざまな生命体に宿ってそこでしかできない体験をするために、宇宙全ての場所に存在しているというのが、私たちの前提となる考え方です。

地球という環境では、ダーウィンの進化論のように、単体のアメーバから徐々に、より複雑な動きや体験ができる種が誕生していきました。異なった環境の星では、そこの環境に応じたさまざまな生命体が生まれて、新しい種が誕生してきます。その中に原動力である精神的な部分が宿ってこそ、生きているという体験があり得るわけです。

地球だけでなく、それぞれの星の環境に応じて多種多様な種が存在しています。星自体は生き物ですから変化していき、変化していくことに対応して、新しい種が誕生したり、古いものは、生き残っていくものもあれば、淘汰されていくものもあります。そういう動きがそれぞれの星々であります。

人間は、自分たちだけが中心になって存在しているかのような生き方に偏っています。ですから、自分自身の周りにどれほど異なった命が存在しているかということに十分な注意を払っていません。また、人間の五感だけで捉えられる生命体ばかりではありません。例えば、腸内細菌を分析しても、全て区別できてわかっているわけではなく、人間として存在するからにはずっと共存していたわけです。

――科学が進歩して、さまざまな微生物と共存することによって、私たちはより健康的に生きられることがわかってきました。極端に小さなものから極端に大きなものまであるのに、自分たちの感覚が及ぶ範囲だけしか感じられない。それ以外のところは

存在しないと思ってきただけであって、感じられないからといって存在しないということではありません。それは、宇宙全てにおけるさまざまな異なった生命体の存在についても言えると思うのです。――ジュゴン

物理学の常識を超えたコミュニケーション

宇宙の中の小さな天の川銀河でも、端から端までは30万光年という距離があります。どうやったら30万光年離れた星同士がコミュニケーションをとれるでしょうか。

実は、宇宙全てが同一の速さで時間が流れているわけではありません。私たちの宇宙セクターでは光の速さが一番速いですが、それを超えたところが存在していることがだんだんわかってきました。

この宇宙ではどんなに小さな素粒子を発射させても、物質である限りは光の速度以上にはならず、光の速度で発射させても30万年かかり、往復すると60万年かかります。60万年も誰が生きているでしょうか。

今のロケットは、光の速さを超えていません。月のように近いところに行くだけでも時間がかかるわけです。私たちがもしこの銀河内で離れたところにいる生命体とコミュニケーションをしようと思ったら、何を使っても、今の物理学の常識の範囲の光の速度を超えられないわけです。物理学の常識を超えた方法を使ってこそ、コミュニケーションは可能になります。コミュニケーションするにはとにかく情報を送らないといけません。

異なった星々の生命体とコミュニケーションをするためにはどうしたらいいのでしょうか？　報交換をするためには想念を送るという方法があります。想念というのは物質ではありません。エネルギーです。ですから、想念という1つの形を送り、それをキャッチすれば、どれだけ離れているところでもテレパシーだったらキャッチできるわけです。

テレパシーが使えると言うと、パラノーマルと言われますが、もともと人間に備わっている感覚を使えるようにすればいいだけで、使えない方がおかしいのです。人間が本来持つ可能性からすると、使えるのが普通です。この宇宙自体が実質だと確認できる部分は、たったの4％です。それ以外は物質ではなく、エネルギーや暗黒物質と言われています。現在の地球上の物理学では、確認できないさまざまな異なったエネルギーで構成されているのが宇宙だということです。それは公式見解でも認めていることです。

その残りの96％の実質のない未知の宇宙の法則やエネルギーを解明して使えば、今の物理学を超えた可能性が実用的に使えます。それが錬金術とか魔法とかマジックとか、言われる分野です。あらゆる科学を全て包括した知識の集大成がマジックだと言えます。

それに対して液体がどういうふうに変容するか、空気の動きでどういうことを導き出すのか、異なったモノとモノとの関連によってどういうことが起きているのか、物質を細かく分けてそれぞれの専門の法則を扱っているのが今の物理学です。

それだけでもすごいことができているのです。飛行機だって、エアロダイナミクスというのがわかって、空気の動きがあって、吸い上げることができるから飛べる、動力で飛んでいるわけではありません。なぜ速いスピードが出るのかといったら、空気の動き方により抵抗が少なくなるとわかっているからです。それも全部エアロダイナミクスです。未知の法則の解明によって新しいテクノロジーは発展していくのです。

ダマヌールのスピリチュアル物理学

今の物理学は、観察を通して物質がどうやってできているかということを突きとめようとしていますが、ダマヌールの前提はスピリチュアル物理学です。ダマヌールは、7万5千年以上続く秘教的な知識の道を受け継いできました。宇宙は、4%の物質、96%の非物質が一緒になってできています。

宇宙を構成する4%の物質は、物質以外のさまざまな法則が関わってつくられているのではないか。小さいところだけを見て物質の中だけで創造を解明しようとするのが今の科学の手法ですが、実は反対です。

何千種類とある宇宙のエネルギーにはそれぞれの特性があって、どれとどれが関わって物質とつながっているのか、そのことによって物質がどうやってできたのかということを解明できるので、物質を分解することができるわけです。
物質をもっと小さく分解したいのに、そのための莫大なエネルギーをどこからとったらいいかわからずにいるのが、今の科学の限界です。それに対して宇宙を構成しているたくさんのエネルギーそれぞれの特性がわかれば、もっとパワフルなものを使うことができるというのがスピリチュアル物理学です。

宇宙を構成している法則、今の物理学ではわかっていない法則を使うことができたら、信じられないようなことが実現します。知らない人にとってはそれが魔法とか奇跡とか言われますが、違います。スピリチュアル物理学を知っていれば誰でもできる、奇跡でも魔法でもない、今の物理学の限界を超えた科学的法則を扱っているというだけの話です。

物質がどんなふうに成り立っているのか、どの法則とどの法則が関わって物質をつくっているのかということがわかったら、物質の宇宙全てに共通する法則ということになります。共通の法則を扱うなら、マジックな知識というのも、宇宙全てにおいて共通する原理です。

地球で量子物理学が発展しているように、それぞれの物質的な世界がどういうふうになっているのかという研究は、それぞれの星において異なったものが発展していますが、物質的な宇宙がどのように成り立っているのかという原理は、宇宙全てにおいて共通なのです。

宇宙を瞬時に移動するシンクロニックラインとその扉

かつては宇宙共通で持っていた知識が、地球上で長く忘れ去られている大切な知識があります。

宇宙全ての星は「命の高速道路」と呼ばれるエネルギーの道によって全部がつながっています。命と呼ばれる私たちの魂は、その道を通って、宇宙のさまざまなところに自由に行けるのです。

それは、私たちが「シンクロニックライン」と名づけている様々な宇宙のサトル（微妙）なエネルギーが流れているものです。そのシンクロニックラインに関する知識が忘れ去られたことで、地球だけが離れ小島のようになっていました。
『タイムトラベルからみたアトランティス』（ヒカルランド刊）の中でシンクロニックラインについて解説していますから、詳しいことはそれを読んでいただくとよくわかると思います。

地球だけではなく、それぞれの星に違う星からつながるシンクロニックラインが入ってきます。そして分かれて、網のようにその星を取り巻いて、また反対側から違う星につながっていくという流れがあります。

地球には主要なシンクロニックラインが18本分岐していて、表面だけではなくて、深いところ、地球の中心のコアまで行くものもあります。

地球は、ほかの星と比べると、その分布が豊かな星です。多かれ少なかれ宇宙の星々は全てシンクロニックラインでつながっている、まさに宇宙は1つであるということがそれから言えるわけです。

シンクロニックラインには、宇宙的な幾つかの異なったエネルギーが流れています。それは物質ではないので、宇宙の果てから果てまで瞬時に移動できるため「命の高速道路」と呼ばれています。そこにはエネルギーとか感情とか情報が流れています。シンクロニックラインにアストラル体でシュッと入ったら、スッと違うところに行く、速度ゼロです。その中に入ったら、瞬時に宇宙のどこまでも行ってしまうというエネルギーの流れです。

実はシンクロニックラインを使って宇宙を移動するためには、それらにアクセスする扉を使うことが不可欠です。どこに扉があって、どうやって開けるのか、どうやって「命の高速道路」にアクセスできるのかということがわかっていたら、一番遠い所でもすぐそばにあるような使い方ができます。それがシンクロニックラインの特性です。

速度がゼロということは、距離という感覚はありません。シンクロニックラインに関する知識に基づいたテクノロジーを使えば、宇宙全てのポイントとコンタクトすることが可能になります。

究極の一（イチ）から想像も及ばない数の生命体が生まれる

太陽がどれぐらいの光を放っているのか。私たちの太陽は黄色というカテゴリーに入ります。もっと温度が高い太陽は白く光ります。一口に「太陽」と言っても、温度によって形態が違い、異なった環境があり、太陽系に属している星々は、太陽の光の強さ、温度、到達距離によって、それぞれの環境が変わってきます。

生き残るために、形はその環境に応じて変容します。自分自身が形の中から現実を感じていますが、これは究極の現実ではありません。「私」の中から感じられる、「私」の感覚を通しての感覚で、自分なりに解釈しているだけです。そうすると、その人が現実をどう感じているのかによって、考え方も変わるはずです。

もう1つ、肉体という形の中にいるということは肉体に付随した感覚が備わっています。このハイブリッド型の私たち人間は五感を中心に使いますが、五感以外にも、異なったたくさんの感覚を知らずに持っていて、この感覚の拡がり方によって考え方の傾向があるわけです。

私たちにはレーダーの感覚は使えません。しかし、例えば海の中の生き物は、遠いところからレーダーのような感覚を使って獲物がいることをキャッチして動きます。サメがそうです。それから、人間が使っていない感覚を使えるという異なった命の形も、実際地球に存在しています。

なぜ渡り鳥は毎年その時期が来たらすごく遠いところまで地図も持たずに行けるのでしょうか。GPS的な感覚が備わっているので、それが可能なわけです。その種が存続していくために必要だから発達してきて、臓器として感覚が使えるようになったということ、それが進化です。

それぞれの形の種がどのような感覚を使って現実を認知できるのかということによって、対処行動が変わってきます。もちろん、その感覚を通して得た現実感で対処行動が変わるわけですから、生きる哲学も変わってくれば、信じる宗教とか信仰も変わってくるでしょう。

どのように感じているのかという自分の中の世界を外に表現するのは芸術です。感じている世界観とか現実観が違えば、あらわす手法も変わってきます。ですから芸術も変わるし、それが、文明の違いということになるわけです。

それぞれの異なった形の種によって異なった発展の仕方をするという現実がありす。どれほど異なった種がいるか、どれほど異なった部族や民族が存在するのか、宇宙の異なった星々には異なった生命体や異なった文明がどれぐらい存在するのか、想像もつかないくらいの数があると思います。

それぞれの環境の中で、それぞれの形がどのような感覚を通して自分たちの存在を感じてどう解釈するのか、どうあらわすのかで、異なった芸術、価値観が山のようにあるということが言えると思います。

宇宙は多種多様です。究極の一であった創造主は、考え得るだけの異なった形を創造させて、それぞれの形の中に自分が入ることで存在している宇宙ですから、異なった数だけある豊かさが、この宇宙の特性だと考えています。それは想像も及ばないほどです。もし想像が及ぶとしたら、創造主、自分たちのルーツに戻れる状態になったということだと思います。

人間はみな地球外の星から来たエイリアン

　宇宙には、人間という魂を宿した異なった種が数え切れないほどたくさんいます。2本の手、2本の足、1つの頭を持つ形の人間という種がこの宇宙に誕生して、どう発展してきたかということに集約してお話ししようと思います。

　太っているか痩せているかという違いはあるにしても、多かれ少なかれこの種の人間には共通の形があります。

　実は、この形をしたこの種が存在しているのは地球だけに限りません。宇宙の中で何百万という星に存在しています。そしてこの種には、かつて精神的な黄金時代がありました。

　マジックな知識や科学が発展し、物質のテクノロジーだけではなくて、物質と精神とが統合され、すばらしいテクノロジーが洗練されたレベルにまで達していた時代があったのです。たくさんの異なった星々、銀河にいるこの種同士が連携し、交流していました。

この種の人間は、今、存在している地球という星で誕生したのではありません。この種の祖国と言える星は地球ではないのです。

もともとの星でこの種が進化し、精神的、物質的なテクノロジーが洗練されていったことによって、この種が住めるような宇宙の星々を探して入植して、その存在を広く拡大していった、その1つの星が地球でした。

ですから私たちはエイリアンです。

地球が祖国ではなく、違う星から来たのです。

「エイリアンを信じますか」と言うときに、鏡で自分を見てください。

エイリアンです（笑）。

宇宙戦争から宇宙連合体の協定まで

この種が宇宙に誕生したのは約3000万年前です。宇宙の誕生は何億年も前ですから、非常に若い種です。この種がさまざまなことを考えて体験してきた知識の道には、すごい蓄積があると思います。

ところが、この形の人間は、地球と同様のすばらしい星に入植して、発想豊かにいろいろなことをやって、今の地球と同様、自分たちの都合で環境を書き換え全体としての調和を乱して破壊していきました。そのために星自体が破滅して、この種が消滅していった星も幾つかあります。もちろん、いろいろな危機はあったけれども、それをしっかりと受けとめて、何とか乗り越えて存続しているという星々もたくさんあります。

自分たちはもともと同じ種だということを忘れて、遠く離れた星と星でお互いに違いがあると、戦うわけです。太陽系全体を破壊してしまうような戦い、宇宙戦争もありました。やがて、その時代を超えて、協力して、より平和に、調和的に共存しようという合意ができて、宇宙全体の連合体ができました。それぞれの星に存在しているさまざまな命の形が発展し、進化するために、連合体としての協定が結ばれたわけです。

その主要な約束事は、それぞれの星の独自性にむやみに介入しないということです。ここは危機的でかわいそうだから助けてあげようということではなくて、それぞれの星の中でそれぞれの種が存続していくための努力を自分たちでやる。よそから介入しないことが、前提となる共通の約束事としてあるわけです。

それぞれの星に生きる生命体が自由意思を使って何をしていくのか、どうしていくのかということを決定して、その星を守っていくという協定を結んだわけです。

星は軌道を描き、地球が属する太陽系は銀河とともに動いています。動いていれば必ず変化が起きます。良い変化もあれば、危機的な変化もあります。地球なら地球、それぞれの星の生き物、生命体が、自分たちの方向性を自由に決定して、それぞれの星の自治権は侵さないという約束があります。

地球という星は、私たちの種が入植してまだ三百万年の歴史しかない星ですが、今は危機です。私たち自身がこの危機を乗り越えて、この環境の中で全ての命の形が調和的に共存できたら、宇宙の巨大な連合体の常任理事国に入れますが、今は野蛮で危険なので、見守られている状態です。宇宙連合体に入れるかどうかは、私たちにかかっています。

戦いばかりしている地球は宇宙において非常に危機的な状況ですが、今、一番危ないところを通過していることを私たちが自覚しないように意識を操作されています。

こうすればよく生きられますよ、こういうことが役に立ちますよという、見かけだけのコマーシャルが次から次へと出てきて、消費者として利用され経済的な利権によって翻弄されているのです。

存続の危機にある地球という星

ファルコは生前何度も「あなたたちは一番大変なところをまだ知らない」と言って

ました。

私たちは、どちらかというとほとんどが中流階級です。毎日ごはんを食べて、やりたいことをやり、欲しいものは手に入る、それが普通にできる国に生まれています。地球上にはたくさんの人間がいますが、そういう状態にあるのは15億人ぐらいで、55億人は飢餓と病気で苦しんでいるというのが現状です。

私たちは、地球から資源を採り尽くして、お金儲けのために切り売りしています。本来だったら1年間でみんなで分け合うものを、55億人の飢餓の人たちはその恩恵は得られず、15億人だけが6カ月で全部消費している。地球という生き物の命を食い尽くしているわけです。このままでは地球が存続できないのは明確です。

消滅してしまったたくさんの宇宙の星々と同様に、地球は、存続していくことがとても危機的な状況に置かれている星の1つです。

プラスチックの廃棄物が海洋投棄されて、大陸のような大きなプラスチックの塊があるということが、ようやくニュースに出てくるようになりました。この問題は10年ぐらい前から出ていましたが、表面に出てくるとメディアからいつのまにかかくされる状態で、多くの人たちがあまり意識することはありませんでした。海洋投棄が進み、海の中の哺乳類や魚からマイクロプラスチックがどんどん出てきて、魚たちが生きられないような状態になって、漁獲量がどんどん減っていっていき。

私たち自身の生命の危機に行き着くのではないかということが、やっと言われるようになってきました。最近のニュースでは、クジラが砂浜に打ち上げられて死んでいました。海水と一緒に口から山のように入ったプラスチックが原因です。

今、アマゾンが火事になったり、いろいろなことが起きています。それは、経済的に豊かな国が最後の地球の資源を自分たちが搾取するための準備です。そこにお金になる資源があることがわかっているから、土着の人たちを追い出すために、意図的に火事を起こしたのです。

5種類の異なった人間の種《しゅ》

地球上の人間のストーリーという、きょうの本題に戻ります。

地球上には5種類の異なった人間の種があります。白人、黒人、赤、黄色人種、紫色とか青。黒といっても、茶色がかった黒とか、青がかった黒とか、いろいろあります。青い人種はサハラ砂漠にいるトゥアレグ族だけですが、今や絶滅の危機です。

この種の人間は、肌の色は別として、解剖学的には同じような臓器を持っていて、平たい顔族もいれば、凹凸のついた、骨格がしっかりしている種もいます。違いはあるけれども、共通の部分があります。

黄色人種が赤道近くに移住して、太陽の光をたくさん浴びます。何年か後に生まれてきた子孫が黒くなっていくかというと、そうではありません。何世代にもわたって赤道近くにいたからといって、黒くはならず黄色は黄色です。

なぜこれほど肌の色が違うのでしょうか。その種がどこの星で生まれて、その星に太陽の光がどれぐらい届く環境だったかということで違いが生まれてくるわけです。

白が黒には変わりません。ダーウィンの進化論のように、その星で生きたさまざまな命の形が、体験を蓄積し、より進化するためには新たな臓器が必要になり、また違う活動の範囲を広げるように、その星の環境で蓄積された必要性から派生した種なのです。もともとの原型は同じであっても、私たちの種は地球型なのです。

5つの〝時の帝国〟とムー大陸

聖なる書物がいろいろなところに残っていますが、神様は乗り物に乗ってやってきて、光とともに地球に舞い降りて世界を創造したということが共通に書かれています。

宇宙には、テリトリーを支配する帝国があって、それが全ての時間のテリトリーも同時に支配します。この宇宙が始まってから全ての時が時間というテリトリーに存在していて、5つの〝時の帝国〟というのがあります。黄色人種の種は、5つの時の帝国の中の1つで、地球に入植してきて7つのムー帝国をつくりました。日本、中国、ミクロネシア、インドネシア、マレーシア、オーストラリアなどを含む、7つの帝国が拡大しました。

かつて大西洋にあったアトランティスに入植してきた種は白人が多く、ムー帝国を築いた種とは、違う時の帝国からやってきました。

赤や黒という種は、別の時の帝国からやってきました。黒と青は同じ帝国です。一斉に来たわけではなくて、それぞれが入植してきて、発展と衰退、再興が何度か繰り返され、長い時間の中でいろいろなことがありました。

5種類の人間が誕生した私たちのふるさとは、地球から9・5光年の距離にある星です。何という星かは楽しみとして残しておきましょう。地球から9・5光年の距離にある星、地球と同じような環境の星を探せば、見つかるでしょう。

地球と似たような環境の星、次に移り住めるかもしれない星を今探しています。水があり、大気圏があり、温度がよく似た星が見つかったというニュースが時々出てきますが、そこに人間がいたとはまだ言われていません。

スターゲートを通って入植したムー帝国の人たち

物理学では、ずいぶん昔から仮説を立てて実験していますが、スターゲートの様なものが存在していることは確認しています。

地球の周りには大気圏があります。大気圏は地球上から約400キロメートルの範囲のところにあります。

実は宇宙ができたときから、なぜか地球の周りには幾つかのスターゲートのようなポイントがあるのです。そのポイントは、私たちの宇宙の遠い異なったポイントとつながっていて、どことつながっているかは、そのポイントによって違います。

あるポイントの扉は、ある期間開いて、その期間が過ぎると閉まります。開く周期はそれぞれのポイントで違います。3000年から5000年ごとの周期が来ると、しばらくあいています。

例えば1年間開いていて、その後閉じるとします。そうしたら次の周期（3000年～5000年）までは閉じたままです。閉じている時は、あってもないかのような状態です。開いているときにその中に入ったら、つながっている宇宙の果てのポイントに瞬時に出ることができます。5000年の周期が経っていなくても、ダマヌールでは自分たちが必要なときに、意図的にマジックなテクノロジーで開けたり閉めたりして使うことができます。

地球のシンクロニックラインというのは、縦に9本、横に9本で、真っすぐには走っていません。それは太い束のようになって、北極の方から入ってくる。分岐して、今度は南極のほうで再び束になって、違う星に出ていることが確認されています。

大気圏というのは、実は極のところが真ん丸ではなく、ハート型に欠けていることが確認されています。これはシンクロニックラインのエネルギーの影響で欠けているのです。シンクロニックラインの知識とテクノロジーを使いこなせば、宇宙の全ての星々をつないでいる高速道路なので、（アストラル体と魂のみで）スターゲートを自由に使うのと同じで、行こうと思ったところに瞬時に行けます。

私たちの魂である命は、シンクロニックラインを通って移動します。シンクロニックラインは宇宙全てとつながっているエネルギーの河なので、流れは瞬時です。物質ではないので速度はゼロです。シンクロニックラインの中に入ったら、エネルギー自体が宇宙につながっているという流れがあるので、原動力がなくても瞬時に行けます。

でも、どこに行くかわかりません。どこに行ったらいいのか、行くべき目的と適切な場所をきちんと調整する必要があります。向こうに着いたら、そこからまた出なければいけません。それは全部、マジックな知識とテクノロジーによってコントロール可能です。ムー帝国の人たちはそこを使うすべを知っていたので、そのシンクロニックラインについての知識を受け継いで、ある時期までは持っていたわけです。

古代中国では、シンクロニックラインではなく「ドラゴンの背びれ」と呼んでいました。シンクロニッククラインは、地球を取り巻く螺旋の様になっていて、「ドラゴンの背びれ」と言われるポイントがどこにあるか、どうやって使うかという知識を持った賢者によってコントロールされていました。

ブッダ、キリスト、マホメット、ゾロアスター、化身と呼ばれる人たち

文明が発達して神様との協同ができるポイントは、シンクロニッククラインが交差した扉のような場所で、人間がアクセスでき得るところに常にありました。ですから、そのエネルギーをどうやって獲得して使えばいいかを知っている賢者によってその地

の文明が発達していきました。

そのポイントからなら、情報を送ったりキャッチすることができます。どこに行って受けとめてもらうのかということがきちんとコントロールできたら、行った先で必要なことをやって、また送り返してもらって戻ってくることが可能です。これは、言ってみれば物質的な使い方に限局しています。

私たちの魂は「命の高速道路」を通過することができます。本物の「私」とは何かといったら、魂の部分です。肉体が「私」ではありません。この次元でまとっていた肉体の生命が維持できない状態になったのが「死」です。魂というのは物質ではないので、肉体が「ご臨終です」と言われても、魂は消えません。常に存在し続けます。神様の部分を宿している魂というのは永遠です。肉体の終わりが終わりではありません。

毎回死ぬたびに肉体は有機分解されて、または灰になって、この次元で朽ち果てていきますが、魂は、次の人生に移動するために、必ずシンクロニックラインを通ります。そして新しい肉体にもう一度生まれ変わる時には、どの時のポイントのどの場所なのかに応じて、シンクロニックラインを通ってその場所に用意された体の中に生まれます。だから「命の高速道路」というのです。みんな毎回通っているのですが、忘れてしまうのです。

現代の最先端の物理学者は、検証できうる物質の部分があまりにも少ないから宇宙はビジュアルなものでしかない、ほとんど見かけだ、自分たちが存在すると感じているから存在している、感じる人がいなかったら存在しない幻想の世界なんだ、という仮説に至ったわけです。科学の世界でもこの宇宙はビジュアルな世界でしかないと言われはじめています。

触れて感じているから、あると思っていますが、実は永遠の存在が常に存在していることこそが事実だという前提からすると、あると思っているのはビジュアルな幻想の世界でしかないという逆転した価値観でなければ、現実は捉えられないということです。

ブッダ、キリスト、マホメット、ゾロアスターは、悟りを開いて宇宙の全ての意識になったという人たちです。私たちの進化のためにもう1度、肉体をまとってやってきた「化身」と呼ばれる人たちです。

だから、「私」の本当の世界はここではない、それを超えたところが「私」の本当の世界であると共通のことを言っています。私たちは起源的神様の息子、娘です。本当は存在している皆がそうです。神様の息子であるそれぞれは、神様のエッセンスの原理を宿している存在です。

神様の原理という部分が自分自身の自覚そのものになることができたら、究極の一である神様の存在と同化できます。それができた人たちがアバター、マスターと呼ばれる人です。特別ではありません。皆、同様です。

太陽神ラーとブラックホール

では、銀河にとどまらず、宇宙全体に出て発展していった偉大なこの人間という種の目的は何でしょうか。なぜ自分たちの銀河から遠い銀河まで出ていったのでしょうか。私たちは異なった星々に存在する、同様の魂を持った存在と交流して、お互いの違いを交換します。違いというのは、宇宙に必要だからあるのです。

全ての宇宙に存在する違いは、私たちが物質の中で得られる豊かさです。その違いが「なぜか」をしっかり自覚し、ジグソーパズルのように全てつなげることができれば、究極の一に戻ることができる。それを早くやるためには交流が有効なので、遠い宇宙の果てまでも出かけていって交流していきました。人間という種に属する一人一人は、そのために宇宙に存在しています。そのために必要だし、そのために違いがあるのです。

実は、何千という星で、何千という種が、その星でしかできない体験をしています。みんながいろいろなところな星に観光に行くのは、違うところでの体験、文化に触れたいからです。それが宇宙全てで可能になる。すばらしいではないですか。

旧約聖書の中に、比喩は違いますが、地球の周りのブラックホールのことや、シンクロニックラインのことに触れている部分があります。

太陽神ラーが、大地から浮き上がっている船に乗って、星がたくさん描かれてあるところを通過していく。これは宇宙の全ての星をあらわしています。日本の日の丸も太陽ですが、もともとは太陽信仰です。神様の中でも、より大きな神様は太陽神です。

ムーもアトランティスも違う帝国ですが、宇宙全体で信仰していたのは太陽に関わる神様です。同じ神様の加護のもとに存在していました。これが私たちの大地の物質的な世界です。宇宙船も、通過する扉も、大地から浮き上がっている。それは大気圏外にあるブラックホールをあらわしている。星の扉、スターゲートです。

旧約聖書にはこのように書かれています。神様の栄光をもたらす絨毯《じゅうたん》に乗って、大地から浮き上がっている扉を通過すると、究極の速さで移動します。それはモーターのおかげではなく、そこがすごいエネルギーで流れていて、そして未知の場所に到達します。

私が研究している古代エジプトの冥界の本の中に、イラストも描かれています。この本には、インドヨガで言われているクンダリーニと一致する記載もあります。背骨のことをスシュムナと言いますが、私たちの背骨のつけ根のところからエネルギーが上がってきます。その2匹の蛇のように見える場所は、エジプトではイダーとピンガラという名前で呼ばれています。

古代エジプトで書かれた本の中にこれが残っているということは、シンクロニックラインに関する知識や、地球の大気圏外にあるブラックホールのような扉の存在に関する知識もあったと言えます。

エイリアンとの共存

異星の体験を共有する上級レベルのアストラルトラベル

私たちの種が宇宙全体に拡大して様々な星に存在するようになって発展を遂げた暁には、人間の魂が宿っている異なった形の肉体の中にいるさまざまな種と深いところで共有したい、交流したいという共通の望みがありました。

宇宙の異なる星々の環境の中でしかできない、人間としての体験を、それぞれの種が持っています。その体験を深いところでわかりあいたい、共有したいという望みがあったのです。

その体験を可能にするのは上級のアストラルトラベルです。意識して、目覚めた状態で肉体からアストラル体で離れることは、訓練すればできるようになります。アストラル体の中に、オーラを構成するいくつかのエネルギーの体や魂が乗り込んでいる状態なので、肉体だけ空っぽで残ります。

人間の魂を持った違う星の違う種の人に、空っぽになっている自分の肉体に、その人のアストラル体と魂が乗り込んでくる。逆に私は違う種の空っぽの体の中に乗り込む。そうすると、乗り込んだ人の体に備わっているその人の感情や感覚が自分のものとして感じられるようになる。

それが上級のアストラルトラベルの体験を行う意義です。

ダマヌールの精神的な探究者にとっては、アストラルトラベルは基礎教養、必須科目です。目覚めているときに、自分が自由に肉体から離れられるレベルまで行くように訓練します。

例えば犬の体に入って、犬そのものになる。犬の考えや望み、周りをどう感じているか。現実をどう感じているのか、どんな望みがあるのか、どんな感覚で存在していることを感じているのかということを、そのものになって感じる、そうして、このようなそれぞれの深いところからお互いの違いを理解することを、広範囲に宇宙へ出ていって進化した種がやり始めたのです。

精神的な黄金時代の価値観

精神的な黄金時代と呼ばれていたころ、進化を遂げたマジックなテクノロジーが宇宙全体であたりまえに使われていました。お互いの違いを深いところから理解し、魂同士がコミュニケーションをもてる方法として、マジックなテクノロジーは広く使われています。

私たちは今、物質偏重の世界にいるので、生命体を見かけで判断します。違う形の生命体は、これは重要だけど、これは大したことがないとか、偏見を持ちます。

精神性の高いその時代は、形は異なっていても、もともとは1つの魂であること、同様に全ての生命体に貴重な存在価値があるということが倫理的な前提でした。

例えば犬、キリン、象、クジラ、それ以外にも形の異なる生きものはたくさんいますが、私たちと同様の魂を宿す存在であり、同等の命の価値を持っているという価値観です。

ただ魂がそれぞれ違う形の中に宿っているだけであって、もともとは究極の一（イチ）からの分け御霊《みたま》だというのが共通の価値観であることが、精神的な黄金時代と言われるゆえんです。

同じ魂を宿している存在として、異なった形の中に入ることで、いかに異なった体験があるか、いかに異なった望みがあるか、どんな体験の蓄積があるかを知ることは、ものすごい喜びを伴なう豊かな体験でした。


全く違う環境の星にいても、魂としては自分たちは兄弟です。だからその存在に会いに行きたいのです。遠い星に行くのに宇宙船を使う必要はありませんでした。マジックなテクノロジーで、魂の乗ったアストラル体だけでその星に行って、向こうの星にいるその種の体の中に入って、その種としてそこの星を体験します。そうやって、自分たちの会いたい人、交流したい人と対等に交換できていました。

あるサイエンスフィクションの物語では、遠い遠い星に行くのに、巨大な宇宙船の冷凍庫のカプセルで寝ている。その星に近づくと、解凍されて起き出して準備をして、宇宙船から降りて探検をするというのがありました。非常に原始的で遅れています。
行った先で必要なものをつくり出すというのが洗練されたやり方です。つまり、情報だけ持っていけばいいのです。私たちの体は、実は幻想です。どういう情報が詰まっているか、情報の部分まで分解して、それを違う時のポイントに送って、その情報をもとに、その星にある原子で肉体を再構成するという方法です。

――「スター・トレック」というアメリカのSFドラマをご存知ですか。キャビンに入って、エイッとやったら、シューッと消えて、行くべき先になったらまた体がシューッと現れてくる。まさにそれです。情報を送ったら、同じ原子の配置で構造をつくればできます。もともとエネルギーですから、物質がどうやって成り立っているかがわかったら、情報をもとに形づくればいい。

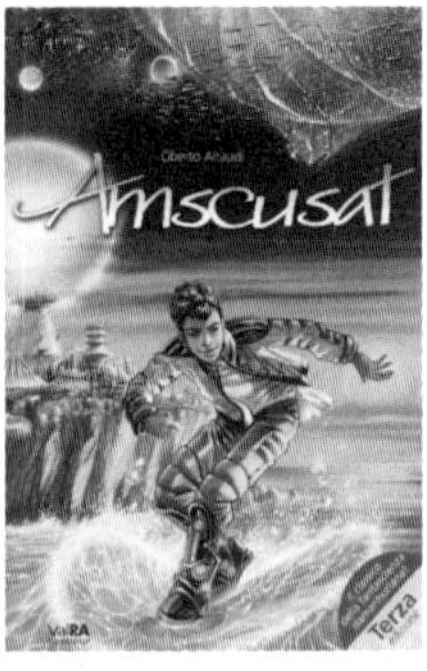

アムスクサット

リブロS

ファルコは、自分の全ての体験の記憶を持っていました。かつての黄金時代にはどんな日常を送っていたのか、ある時代のある星に実在していた1人の少年が、どういう生活をしていたか、どういう状況があったのかということの一部が、『アムスクサット』というファルコが書いた本に載っています。

その後、宇宙も、没落と栄光を何度か繰り返しています。その後のことを書いた本が『リブロS』です。普通の人間では考えも及ばないような、銀河に存在するさまざまな星の文明の抜粋です。

ファルコが銀河のさまざまな異なった種のことを語って集約した本もあります。

――ジュゴン

タイムトラベル、スペーストラベル、次元トラベル

私は、ファルコが書いたことだけを皆さんにお伝えしているのではありません。ダマヌールの知識の道は、行動、体験を通して理解することが基本になっています。1

990年代後半から2000年あたりは、時の構造を調べるために、非常にたくさんのタイムトラベルの実験をやりました。無事に戻ってこられるという保証はありませんでしたが、それでもタイムトラベルを行いました。

もちろんその時代は、スペーストラベルをやった人もいます。私はスピリチュアル物理学が大好きでしたので、タイムトラベラーの訓練の仲間に入れてあげると言われましたが、サバイバルの訓練からやらなければいけないので。「腕立て伏せも木登りもできないからやめておきます」と言って遠慮しましたが、それぞれが異なった目的を持っていたので、行った場所や時代は皆違いました。

異なった星からも、生命体がダマヌールに交流にやってきました。当時は予期せず現れると、こっちがエーッ！と驚くので、向こうはムッとしていました（笑）。（ファルコだけはわかっていましたが）そういうことがあるので油断はできません。いつ何があっても不思議じゃないという心がけで生きていないとダメです。

最初のアトランティスへのタイムトラベルは、地球上で今は失われてしまったマジックな基礎的な知識を再び取り戻すため行きました。

それらの知識をファルコが実験をして、ダマヌールで発展させていきました。最初のタイムトラベルは、自然に備わっているスターゲートを使いました。スターゲートはサイクルがあって、いつでも使えるわけではない。だから、自分たちが必要なときに、必要な目的に応じてできるように、セルフ学※を元に発展させていって、キャビンというのができました。

キャビンができたら、シンクロニッククラインの扉の開閉が必要なときに自由にできるようになったので、タイムトラベル、スペーストラベル、各次元のトラベルが、必要に応じて使い分けられるようになりました。

もちろんそのキャビンは、ヒーリングにも応用されます。私たちの正常な状態をわかっていたら、バランスを崩したところをもとの正常な情報を上書きできるので、今はヒーリングとしてキャビンを使うことが多いです。

『アムスクサット』にも書いてありますが、さまざまな異なった星からさまざまな種が会議やコンサートに来ます。それぞれの種の肉体は、地球の環境に合っているわけではないので、酸素が必要だ、二酸化炭素が必要だといって、キャビンからコンサートを見ることもありました。

※セルフ学　セルフとは、古代の聖なる言語では「未来からやってくる、金属に宿る賢さを持った命の存在」という意味を表します。古代の精神的な高度文明の頃より使われてきた、宇宙の基本的幾何学である螺旋を用いて、宇宙のある特定のエネルギーを引き寄せ、方向付ける特殊な科学技術であり、私たちと共存することで、より良く生きるためや精神的な進化をもたらすために、シンクロニシティーを作用させる事を実現します。

——日本からダマヌールを訪問して約1週間の体験セミナーをやる時は、ファルコが生きていたときはいつも賭けでした。なぜかというと、予期せぬときに「お掃除のために神殿閉鎖」と言って、3日ぐらい誰も入れない。そこに住んでいる人は、「すごい音がしたよ」とか「叫び声があったよ」、「不思議な雄叫《おたけ》びが聞こえたよ」と言う。いろいろな星からエイリアンが来て会議をやっているので、終わってから壁などに跡が残っているときがありました。——ジュゴン

高度な知性を持つエンキドゥ

ダマヌールでは、ある時期に、ある星からやってくるエンキドゥと呼ぶエイリアンと会って、一緒にマジックな旅をしたりさまざまな体験をしました。

しかしその星から来た存在は、アストラル体で地球に現れても、肉体の中に入らないとここでは体験できません。そのときに肉体として使う形が猿人（ゴリラ）で、2メートルぐらいの大きさでした。

地球にやってくるときに物質化して、その種のエッセンスが肉体の中に宿り、いろいろなことをします。それぞれ目的があって、ファルコと合意して来ます。ある時、ファルコから「あなたたちが呼んでください」と言われて、当時の在住市民たちがみんなでエンキドゥを呼びました。「おーい」と呼ぶわけではなく、マジックな原理を使って、そのときは66人で一緒にやりました。

みんなで何重かの輪になって螺旋の周りに立ちます。螺旋が描いてある床をマジックな道具を使って、ものすごく大きなエネルギーで活性化させます。表面に円を描くと、エネルギーは3次元の球体になります。そこに特徴的なあるフリークエンスの音を使います。その音を出してしばらくしたら、エネルギーの球体は肉眼では見えませんが、そこに突然振動が起こり、中心の螺旋のところに光が出てきて、猿人のエンキドゥが現れました。

ファルコが旅をしている時のエンキドゥが来て物質化していく過程を撮った数枚の写真を見せてもらったことがありました。エンキドゥの肉体全部が物質化した時に、大きな体で黄色い歯を見せてニッと笑っていました。

物質化して意識が身体に入った時に、居心地が良くなかったらしく、少しイライラしていた感じでした（笑）。

突然大きな黒い塊が出てきたので、タンスかなと思いました（笑）。

実は、肉体に備わった特徴的な感覚に、本能的なボディーランゲージとか、反応というのがあります。

猿人の体の本能的な傾向は、直接目を見たら敵意を表すことになる。じっと目を見て「こんにちは」と言ったら、向こうは怒ってくる。だから目を見てはいけません。エンキドゥの星での本当の肉体はイメージできないほど怖いと、ファルコは言っていました。私たちが受け入れられる範囲で置きかえるのなら、地球上なら猿人（ゴリラ）だったわけです。

自分たちが呼んだのですから、みんなでエンキドゥの前に行って挨拶をしました。エンキドゥが合掌して私たち一人一人に挨拶する姿は、とても威厳がありました。ファルコとは合意の上でしたが、突然パッと現れて、セルフ学の研究室に突然入ってきて、「あなたたち邪魔」と言って、工房の扉を閉めて、何か作業をして終わったらパッと消えて戻っていった時もありました。

工房の道具とかを壊していったのかと思って部屋の中を見たら、私たちが当時はまだできなかった複雑な、ハイレベルなセルフを作って、「はい、どうぞ」と置いていってくれたこともありました。

それを実際に見て体験したダマヌールの人たちは、来てもらうばかりではなく、私たちもよその星に行って交流したいと言って、ファルコに相談しました。

エイリアンを自分の体に宿らせ共存する

アストラルトラベルでも、犬や魚や鳥など、違う形の中に入ると、それぞれの命の形に応じた欲求や感情があるため、それに引きずられると危険なこともあります。速く飛びたいのに、速度に弱い人や、高いところが怖い人がパニックを起こすと、突然私たちの肉体にアストラル体が引き戻されて、生命に危険が及ぶことがあります。それと同様に、違う形に入ると、それぞれの種が持っている欲求や感情をものすごく強く感じます。それをきちんと自己コントロールするのは簡単なことではありません。

しかし自己コントロールができないと、この体験は有意義なものではなく、危険な体験になります。

だからまず私たちは、自分たちの体の中に幾つかの異なったエイリアンを宿らせて一緒に生活をすることから始めました。エイリアンがいると、その人の考え方や欲求が自分の一部から出ているように感じるわけです。それが日常生活の中で段々とコントロールができるようになります。この体験がダマヌールでは15年ぐらい前から始まりました。

ダマヌールの「魂の構造」についての研究の結果、私たちの魂に参加しているパーソナリティーたちが、それぞれ自分の部屋として使っている、体のあるゾーンを整理整頓して、エイリアンを迎えられるようにして、そこに住まわせて共同生活をしようということになりました。

彼らが自分の肉体の中に来たら、やはり違うわけです。自分の通常の思考傾向や、習慣や望むことが、少し変わります。エイリアンからの感情や、考えとやりとりできるのは夢の中や、または自分が注意を向けて、思いを送って交流することができます。自分のパーソナリティーではなくて、エイリアンかどうかということを識別した上で、それを受け入れてコントロールすることを、毎日の生活の中でやっていきました。

しばらくそれを続けて、十分な準備ができたら、今度は違う星に行くこともできるようになります。

全く違う星の進化した存在を体の中に受け入れるときは、突然ものすごいエネルギーが自分の中に湧き上がった感じになります。最初は1人でエイリアンを宿らせるのは無理なので、3人1組で宿らせる訓練を何回か続けて行いました。


——行うたびに違う種の特性が違うエイリアンが来ました。ある時、宇宙的なヒーラーと言えるようなエイリアンが来ました。共同生活をして、地球という星の生活やいろいろなことを楽しむだけではなく、あなたの中でうまくいっていないところを癒やしてくれると言われました。

私は頸椎《けいつい》のねんざや、むち打ちを4回もやっているので、20年以上、毎日頭痛がする。頭痛薬を飲まないと、普通の生活ができないというのがずっと続いていました。

15年前のある時、違うエイリアンが来た途端に頭痛がなくなりました。今は、風邪を引いても仕事をしなければいけない時など、1年に1回ぐらいしか頭痛薬を飲まなくなりました。ヒーラーのようなエイリアンもいるというのは、自分が実体験をしました。——ジュゴン今も、あなたたちがどんな反応をしているかを見ているエイリアンたちが私（フェニーチェ）の中にどんな感覚を通してコミュニケーションするのかというのが、エイリアンによって異なっています。傾向も違います。

宇宙へ旅をするアッサメン

思慮深く、考えることのできるエイリアンは、アッサメンと呼ばれる種です。その種はものすごく大きな木の中に人間の魂を宿しています。地球上で彼らの肉体に匹敵するのは木です。ところが、宇宙のどこまでも旅ができるようになった種です。その星から、はるか離れた宇宙にも行けるようになり、地球上の私たちからすると、木は根っこが生えて動けないのにと思いますが、それが宇宙に出ていったわけです。

その星では、人間の魂を進化させるのには木が一番適しているということで、木という命の形の中に、人間の魂が宿っていました。そこは進化がすごく早くて、その種は同時に5つの異なった次元の推考ができます。

5つの異なった次元での推考が同時並行でできるから、宇宙のさまざまなエネルギーのことや時の流れのことなどを全て、一気に正しく計算できます。宇宙船をどうやって動かして、どう対処するかということに適しているので、宇宙連合の宇宙船の艦長として「ぜひ乗り込んでください」と頼まれた種です。直径が60キロメートルもある大きな宇宙船だったので、木でも簡単に艦長として乗り込めます。


スーパーコンピューターと比べても、不確かな可能性も含めて5次元のことを一斉に情報処理を行えるにはまだまだ足下にも及びません。それがアッサメンは、それぞれの個体ができるようになるまで進化した種なのです。

木というのは、根っこが生えているので、それがどうやって大きな宇宙船に乗り込むことができるようになったのでしょうか。

植物というのは自分自身の体を守るために、そこを修復するような要素を自分の中から生み出したり、または、時間はかかるけれども、天敵を遠ざけるような化学的な物質を自分の中から自由に生み出すことができるという特性を持っています。

私たちが製薬会社から買っている薬のもとは、植物の中にある成分です。こういうことに効くということがわかって、化学的な分析をして工場で製造するのが薬です。植物は自分のところに寄ってくる虫と共存しながら、自分たちの手先になるような要素を生み出して、虫をだんだん自分の延長部分にしたり、もう少し複雑な動きができる動物たちも、自分の手先になるように必要な要素を徐々に生み出して、その実を食べた動物は共生するような状態に変えていくのです。

考えることができる世界のエイリアンというのは、徐々に自分たちで遂行して、自分たちに都合のいいように自ら変容していく。ツル性の植物がそうです。必要なところに巻きつくことができる。そういうことが自由にできるようになった種もいます。

そういう種は、宇宙の中でナノテクノロジーを最初に使うようになったエイリアンだと言えます。そのおかげで、実は宇宙のいろいろな星でナノテクノロジーが広がってきています。ミクロの生き物が私たちの体の中にもいますね。ミクロの生き物が自分自身がやるべきことを自覚して、その機能を生み出すように働くのがナノテクノロジーです。

星の存在ノーエ

ノーエという星は、地球とかなり似ています。ノーエで魂を宿しているエイリアンは、私たちとよく似た肉体の形をしていますが、毛深い「スター・ウォーズ」に出てくるチューバッカのような感じです。エンキドゥと同じで私たちの星にやってきて、体を再構成します。

ダマヌールには必要なときに協力してくれる同盟関係のエイリアンたちがいますが、その中でもエンキドゥは私たちよりもかなり進化した存在です。

同盟関係を結ぶエイリアンたち

それぞれの次元に異なった命の存在たちがいます。全てが善の存在とは限りません。

次元から違う次元に通過していく生き物を待ち構えて、自分の次元にやってきたら、エイッとつかまえて、追い剝ぎ、強奪をやるプレデターのようなエイリアンもいます。そのプレデターから防衛するための協力関係を結ぶエイリアンもいます。

お互いに必要なときに、防衛のために協力する同盟関係を結ぶエイリアンに「針」と私たちが読んでいる種がいて、針の姿は長い大きな針ですが、姿を現したり消したりすることが自在にできる特性を持っています。

針がプレデターに対抗するときは、非物質化して、危険な相手のところへ自らが入る。そして、致命傷になる臓器のところで物質化します。そうしたら間違いなく死ぬでしょう。不思議な手を入れて悪いものを取るのとは反対で（心霊手術）、危険な相手の中に入って、そこで物質化して、臓器をダメにしてやっつけます。

ダマヌールの人たちがよく知る同盟関係のエイリアンに「毛布」というのがいます。厚みのある毛布、絨毯のようで結構大きい。敵がやってきて危なくなると、毛布でくるんで動けなくします。守ってあげるべき相手が無事に通ったら、開いて逃げていきます。

もう1つの同盟のエイリアンは「ランプ」です。その種は、目がチカチカして4〜5秒くらい目が見えなくなるほどの強い光を放ちます。危険な相手から守るために、目くらましをします。暗いところに突然、強い光がパーンと出てくる。そうすると敵がクラクラします。

ほかにもたくさんいますが、まるでサイエンスフィクションの漫画の世界みたいでしょう。事実は小説よりも奇なりです。これらはダマヌールから出ている『宇宙のさまざまな民族たち（夢をガイドするための6つのストーリー）』（未邦訳）の中に登場するエイリアンの一部です。そういう夢のような体験の夢を見ている時は、実際は夢ではなく、まるで夢を見ているかのような感覚を伴う体験をしています。

3つの特殊なスターゲート

Q―参加者
A―フェニーチェ／ジュゴン

Q スターゲートは3カ所あるのですか？

A 3カ所です。いつ開くのかというサイクルがそれぞれ異なります。

地球から大気圏までの距離は約400キロメートルで、スターゲートがあるのは、3層になっている大気圏の一番外側をちょっと出たところですから、約500キロメートルの距離になります。こういう特殊なスターゲートのようなものが地球のそばに3つあります。

こういう条件下にある星は非常に特殊です。宇宙のどこでもこのようにみんなが行き来しているかというと、そうではない。地球は小さな天の川銀河の郊外にありながら、非常に特殊で興味深い星だと言えます。

3つの特殊なスターゲートのようなポイントには、信じられないような特性があります。このスターゲートが開いたときにコンタクトできるのは、地球から遠く離れた銀河の反対側にある3つのゾーンです。

ほかの星には、何もないか、あったとしても1つなので離れた場所に行ける可能性は低いのです。地球のように3つもあると、かなり遠いところの異なったゾーンにもアクセスできるので、これはとても有利な条件です。

スターゲートのサイクル

Q 30万光年の彼方に一瞬で行けるのですか？

A そうです。スターゲートとシンクロニッククラインは似たような特徴で、考えの速さというのは物質ではないですから、瞬時に届くのです。

私たちの時間の感覚からすると、この3つのポイントはそれぞれサイクルが違って、3000年から5000年というサイクルです。3000年たってそのサイクルになると、扉が開いた状態が1年ぐらい続き、閉じたら、次の3000年または5000年経たないと開かないという特殊性があります。

エイリアンが地球上にやってこない時は閉じているサイクルの時で、閉ざされた世界のようになっています。

エイリアンにコンタクトするための図形

Q エイリアンに「肉体を使っていいですよ」と言っても、エイリアンもいい人ばかりではないという話がありましたが？

A もちろん全てのエイリアンが聖人ではなく、それぞれの特性があるので、いい人だけを選んでくるわけではない。しかし、私たちの中に同居してもらって、この世界の人間と友達になってもいいな、同盟を結んでもいいなと思ってもらうことも1つの目的です。でも、「じゃ、きょうからお願いします」と言って入ってきてもらえるわけではない。そういう訓練をするために不可欠な準備があります。

ファルコがこの準備をはじめたのは2000年の頃です。1999年から2000年にかけて、内面的な感覚のコースという変わったコースをやり出して、私は1人で日本から飛行機に乗ってイタリア、ダマヌールまで受けに行きました。

人間には、わかっているだけで30以上の内面的な感覚があります。触覚とか視覚という五感があるように、それぞれの内面的な感覚にもそれをキャッチするためのアンテナが必要ですが、私たちはあるとも知らず使わない状態が何千年も続いているので、萎縮した状態です。

そのエネルギーの臓器を再移植するというのが、内面的な感覚のコースです。まず、特殊なエネルギーで尻尾をつける。猫を見たらわかると思います。尻尾とかヒゲというのは全部センサーでありアンテナです。

一人一人が創造的な神を実現するために、失ってしまったマジックな知識やテクノロジーを取り戻して、かつての黄金時代を超えていくことを意図してできたのが、ダマヌールです。

しかし、最初からそういう域には行けません。次の段階に行くためにどれだけのエネルギーで、どういうふうにコンタクトするかという緻密な計画がたくさんあります。それも、1個のことを専心してやれたら簡単ですが、20個ぐらい課題があって、それを一気に推し進めていくので、ダマヌールの初期から、1人の人生の3倍ぐらいの仕事や研究をやってきました。それがダマヌールの生活です。

時間もお金も労力も、共同するコミュニティーだからこそかけることができます。共同生活で節約できるので、計画に沿って目的に向かってやるためにコミュニティー社会は非常に有用です。

ダマヌールでは、神経スキーマというテクノロジーをたくさん使っています。百何十種類という私たちの神経回路はつながっていて、ある機能を果たす回路とかゾーンがあることが脳科学でわかってきています。

それよりもっと複雑な部分を使います。脳はシワシワで、ニューロンとかシナプスがつながっていて、エネルギーがそこを流れると、ある機能が働きます。脳は、天才と言われる人でも全体の4％しか使っていない、96％は生まれたときのままの状態で死んでいきます。

神経回路、シナプスの新しい回路があらためて使えるようにエネルギーを流すのは、電子回路をつけて「再生させる」ようなようなものですが、神経スキーマというのは、どういう機能につながって、どこの部分を活性化するのかによって、全部パターンが違います。線の色は、どの深さまで作用させるかで変えており、深いと赤、表面的なら青や黒というふうに、波長の違いにより使いわけています。

この図形を適当になぞればいいわけではありません。生年月日と名前がその人の命を識別するフリークエンスになりますが、その波長に活性化します。同類は同類につながるので、このパターンのあるところのシナプスがつながっていき、徐々にエネルギーがそこに流れていく。スキーマは指か新しいペンを使ってなぞります。

どの図形を何の活性化に使うかによって、何分間なぞればいいのか、どれだけの期間やればいいのかが異なります。図形によっては、少なくとも7分間継続するものや、コンタクトできたと自分が知覚できるようになるまでは、少なくとも6カ月、場合によっては1年間ぐらい続ける必要があるものもあります。

私たちの中にある違う星のエイリアンにコンタクトする機能を活性化する図形もあります。幾つかの必要不可欠な段階での活性化を15年前から始めて、ずっとやり続けています。

自分自身の中に違う星からの下宿人を置いて生活するのに、自分自身の魂の中のパーソナリティーからなのか、それともよその星から来ているエイリアンからのメッセージなのか、なかなか判断ができません。それを識別できるような繊細さを洗練させていくのにも役立つし、私たちが寝ている間に夢の次元を通して違う星の存在たちとコンタクトする機能にもつながっている回路で

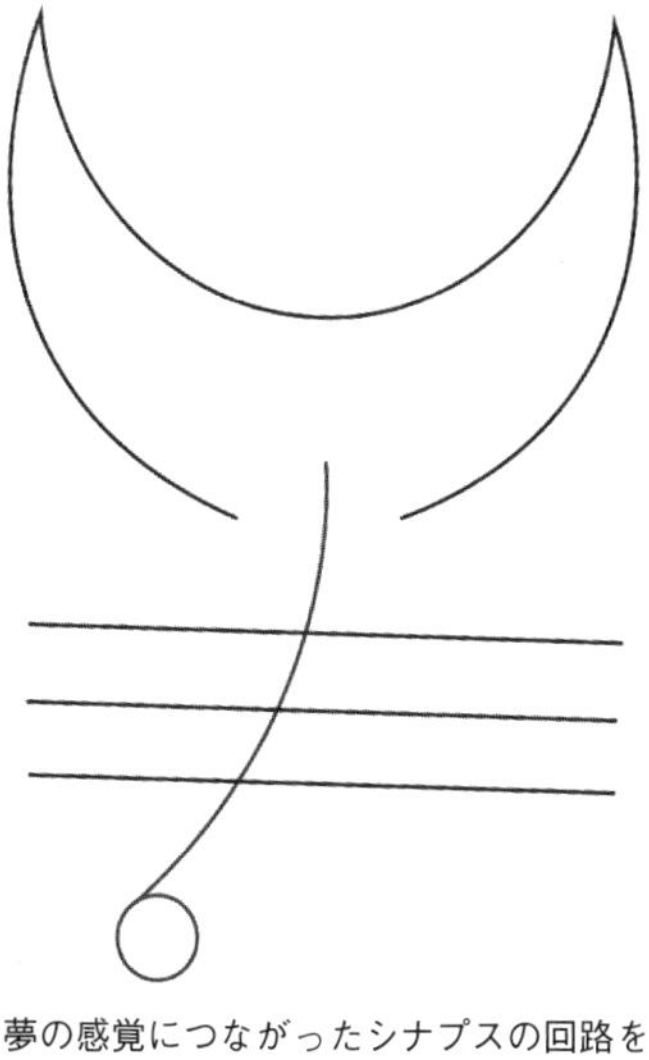

夢の感覚につながったシナプスの回路を活性化する神経スキーマを表したイラスト図

す。

Q　地球人の成功を妨げようとする力が違う星から来たりしますか？

A　大きな目標であればあるほど、対抗する大きな力とか障害も必ずあります。

個にして全体となる

形の中に存在することは進化のための贈り物

この宇宙全てを創造した起源的な人間の神が、小さなものから大きなものまで考えて形をつくり出しました。それぞれの中に自分のエッセンスが入らないと、目的が達成できない、だから、ものすごい数に分かれて、それぞれの形の中に自分のかけらが宿るようにしました。

一番小さなかけらの中から全体が出てくるというホログラムの原理がありますが、私たちの宇宙自体がホログラムだと言われているのはなぜか。小さな部分が全体を含んでいるということは、小さな部分でありながら全体であると言えるわけです。

なぜ一人一人の中にかけらが入っているのか。宇宙の多種多様の究極に小さな部分から大きな部分まで、そのかけらが存在しているからです。形を考えてつくり出して、魂が吹き込まれなかったら、形はとまった状態です。だから、起源的人間の神が内在して、自分は存在し続けているわけです。

この形に基づいた多種多様な特徴のある宇宙というのは、初めてつくり出した領域です。形という中でこそでき得ることがあると思いついたのですが、形だけでは何もできない。究極の神自身がバラバラになってそれぞれの中にかけらとして入ることで、1つの形の中から何かを発見することができるのです。

私たちは物質（肉体）として存在することが普通だと思っているので、自分の魂が形の中にいて、この次元で存在していることがいかに貴重かという自覚がない。どれほどすごい進化のための贈り物なのかということがわかっていない。それはもったいない話です。

私たちは毎日、一喜一憂していろいろな感情を感じますが、形の中にいなかったら、それはできない。死んで、魂が永遠の存在に戻ったら、肉体からのつながりがなくなった状態で宇宙に存在し続けます。涼しいとか暑いとかを感じるのは、肉体にいるときだけのものです。

五感による味わい深い体験は、肉体から離れたらできない。私たちが物質（肉体）に付随した感覚を通して生み出す感情というエネルギーは、肉体の中にいるときだけです。それこそが宇宙で生み出せる付加価値です。

一人一人の感性が違うので、一人一人の異なった感情や感覚の体験があるわけです。それ以上に、異なった形の命には、その種しか使えない感覚とか特性がある。その形の中でしか生み出せない体験がある。それら全てが、宇宙全体の豊かな付加価値を生み出すのに不可欠な条件なのです。

宇宙全体の豊かさを共有する

この宇宙の豊かさとは一体何か。個々が形の中で生み出せたもの、感じたことを全部集約したものが、宇宙全体の豊かさだと言えます。だからこそ、その豊かさを理解するために交流し、結びつく。それ以外にそれを共有、共感する可能性はないわけです。

あなたはあなた。私は私。分離したままだと貧しいままです。

ところが、私たちの一つ一つの形の中に起源的な神がかけらとして入りました。驚くことに、この中の一つ一つの個体に自由意思が委ねられている。外から大きな神様がやらせているわけではない。自分がどう行動するのか、どういう選択をするのか、どんなふうに生きるのかというのは、一人一人に委ねられている。

それゆえに失敗もするのです。失敗しなかったら、ゲームはつまらない。勝ちがわかっていたらゲームになりません。おもしろいゲームなら、やる気をかき立てられますが、自分1人でやってもおもしろくない。

チェスをやるなら、自分より強い人とやらないとダメです。肉体も、楽に楽にやっていたら鍛えられない。負荷をかけて自分の今までの限界を超えるから強くなる。

それと同じで、私たちのゲームも、自分より手ごわい相手を超えたときに、感情というエネルギーが生まれるわけです。楽しみながら有意義なゲームをやろうと思ったら、少なくとも自分と同じぐらいの力がなかったら、おもしろくない。それがこの宇宙です。

自分の力に抵抗するような力を、私たちは「敵」と呼びます。抵抗する力があるからこそ、押しかえそうと頑張る。だから、おもしろいゲームになるのです。

抵抗する力が何でこの宇宙に存在するのかということは、スピリチュアル物理学のほうでお話ししましょう。

魂が進化するためのチェスゲーム

スピリチュアル物理学の中では、創造主のことを「起源的な人間の神」と呼びます。ダマヌールの特有の呼び方です。起源的な人間の神というのは、光の原理であり、命の原理です。

ゲームが成り立つためには、起源的な人間の神と対照的な、死の原理、闇の原理、悪の原理が必要です。私たちの光（命）の原理が何とかこの宇宙を進化させようと思う力と、動かなくてよろしい、闇に戻りましょうという闇（死）の原理の力とが拮抗しているのです。

では、付加価値を生み出すためのゲームのフィールドはどこか。それはこの物質的な宇宙全体がチェス盤に当たります。

ヨーロッパでは、チェスはマジックな原理をあらわしていると言われますが、日本人にはあまりなじみがない。将棋ならわかりますが。とにかく白、黒、白、黒というふうに交互になっているわけです。

チェスは、秘教的な知識の原理でつくられたゲームで、8掛ける8のマスに、光と闇という対照的な原理が隣り合っている。

チェスの駒は、馬、女王、王、歩兵などが白と黒に分かれています。

もし「善」だけで「悪」を全然知らなかったら、「善」も「悪」も比較するものがなければ、どちらもわからない。違いのある2つが出会ってこそ、これが善で、これが悪だとわかるわけです。

チェスの駒には動き方のルールがあります。例えば、一番大きな駒は斜めにしか動けない。馬はL型（かぎ型）、タワーは横か縦にしか動けない。女王は自由にどこにでも動ける。歩兵は前に少しずつ進んでいく。王はどの方向にも自由に動けるけれども、1回に動けるのは1コマです。だけど、王が相手に取られたらゲームは終了です。

このゲームは、私たちの魂が進化するためのフィールドを全部通っていくということの象徴です。全部通過して反対側に到達できたら、「イルミネーション※」した!! 物質の人生の体験を全部自分のものにして、到達すべき目的まで行ったということです。歩兵でありながら王も女王も超えていく。白と黒の駒は、光と闇、命と死の原理という対照的なもので、もともと物質の世界以外に存在した部分です。

なぜ光と闇が拮抗するように出会うのか。この物質の世界が出来た時に、私たちの光の原理は魂の中核として入ります。「自分は歩兵だ」と思ってやらないと、「自分はすべてのチェス盤をつくったものだ」と思っていたら、やる気にならない。自分がもともと誰だったのかという記憶が封印されることで、このゲームがおもしろくなる。ゲームの意義が出てくるわけです。

一人一人に考えてほしいのは、起源的な神であると自分自身が自覚したら、自分が考えることは何でも実現できます。そういう存在だと思ったら明日仕事に行けますか？　あくせく働けますか？　これが私だと思っているから、自分がやれること、やるべきことに一生懸命取り組めるわけです。

※この場合のイルミネーションとは、宇宙すべての意識になる（起源的人間の神の意識になる）こと

エネルギーの付加価値となる様々な体験

地上を見るために神様が豚になったという、笑い話のような伝説があります。何でも好きなことができる、すばらしい神様の次元があって、自分たちがつくり出した真ん丸の生き物がどうしているかを見るために、神様の1人が丸いタイプの生き物の形に入る。それが豚だったのです。

神様が豚の中に入ったら、豚そのものになります。そうしたら、自分がもともと誰だったかということが封印されます。自分の家をつくって、庭で好きなものを食べ、お嫁さんをもらって、かわいい子豚がいっぱい生まれて、楽しい人生だなという状態だったら、神様だったことは完璧に忘れます。

神様たちの宮殿では、連れ戻しに行き、「目を覚まして私たちのお家に戻ってきな

さい」と言いますが、豚は「何言ってるの。ここでいい人生を送ってるの。帰って！」と言います。

神様たちが戻ってこられるようにいろいろ言えば言うほど、「帰れ、帰れ」と怒ります。肉体が死んだら、永遠のエッセンスはそこから離れますから自分がどこへ帰るかはわかっているので、神様の次元に戻っていくと、あ、豚じゃなかったと思い出すのです（笑）。歩兵は、物質の中のことと、私たちのルーツだったという物質以外の両方の記憶を持てる反対側のところまで行かないとダメです。このゲームでは、全ての星で、生きている生命の形がそれぞれの場所で、それぞれの形の中で、目的地であるイルミネーションを目指すのです。

人間という種全体はもともと1つの魂であった。違う形の中で何を感じて、何をして、どんな特殊性があるのかという違いを深いところから自覚するために、魂のあるお互いの体を交換します。全ての物質の中の記憶を持ちながら、また、神様であるという自覚を持つための近道として、異なった星々の間で人間という種の中で身体を交換することが行われていたわけです。

そして、大きな鏡になるひとつひとつのかけらには、それぞれの個として生み出したいろいろな体験があり、肉体の中にいることで、感覚を通して感情や、いろいろな体験が蓄積されて、それがエネルギーの付加価値になります。

全部が1つに再構成されたときには、かけらそれぞれが豊かさ、付加価値を持ってくるので、大きな鏡に変わります。起源的な人間の神自体もより豊かな存在になる。だから、個としてのそれぞれの物質の形の中での体験は豊かさであって、それを再構成することで全体が大きくなるわけです。

一雫《ひとしずく》の水が集まり大きな海へと還る時、個でありながら海全体であるということが達成できた時、個としての体験が消えるわけではありません。全体でありながら、個々の異なった形の中での体験、アイデンティティーというのは残ります。

光と闇の最終戦が今

もちろんこの形の中での、この人生というのは、今しかありません。ですから、この瞬間、瞬間を全身全霊で一生懸命生きて、感じられることは全部感じるという生き方を毎瞬蓄積していったら、人生の中で生み出せるものはたくさんになります。

ところが、平々凡々と習慣化した状態で生きていると、何にも感情を生み出しません。そうすると、何のために生きているのかという話になるわけです。だから、私たちが違う星の人間という存在たちと交流し、交換し協同するということは、精神的宇宙の進化のための近道で、大切なことなのです。

私たちは、もともと起源的な人間の神のかけらを宿していますから、光の原理、白の駒です。王であれ、女王であれ、馬であれ、個々違うのです。歩兵だからといってやれることが限られていると、その役割を軽視するのではなく、歩兵だからこそできる有利な点があります。そして、王だからできることもあれば、できないこともあります。それぞれの違いが豊かさであり、大切だという前提です。

ですから違う星の人間と体を交換し、深く理解しあうためにいろいろな星に行くのです。

自分たちが光の原理だから、他も善の存在だとばかり思い込んでやっていました。

あるとき、はるか遠い銀河から闇の原理である存在がやってきて、肉体を交換した時に、感染症を残されてしまいました（笑）。

私たちは、白だけの中に突然、違う原理の黒が入ったことに気がついたときから、黒という対照的な力に対抗するしかないという状態になったのです。宇宙の長い歴史の中で、常に闇と光、善と悪という原理が戦い続けています。あるときは光の原理が勝ち、あるときは闇の原理が勝つのです。

でも、永遠にこのゲームが続くのでしょうか。もう一回、もう一回と、同じようなゲームをやり続けることができるのでしょうか。一〇〇億年とか、長い期間、宇宙で戦い続けてきて、残念ながら今が宇宙での光と闇の最終戦です。

今まで負けたり勝ったりいろいろあったけれども、最終戦に勝った者が究極の勝利を手にするのです。

白が勝ったら、宇宙全てが神様のように永遠の宇宙になる。今は永遠の宇宙ではなく、始まりと終わりという時がある。時があるから、物質的な宇宙なのです。物質的な宇宙は、時がなかったら進化はあり得ない。けれど、この最終戦に勝ったら、永遠に存在する宇宙に変わることができます。

ところが、黒のほうが勝ったとしたら、宇宙全てが何もなかったかのような闇の原理に戻ってしまう。命が一度も存在しなかった状態に戻ってしまうということです。

物質の宇宙は最終局面に入っています。闇の勢力はとても強いので、油断できません。一人一人が頑張らなければいけません。自分自身が命の原理に沿って価値観を形成し、その価値観に基づいて光の原理として行動することで、世の中を変えていく責任を一人一人が負っているということを自覚する時期に来ています。今やらなかったら手遅れになります。

今の時期は、サイエンスフィクションの物語など、いろいろなところで私たちを啓蒙するものが出てきています。それから、私たちのような活動をしている人たちが、世界にもたくさんいます。ゲームが終わってからでは遅いのです。この戦いはいったいどうなるのでしょうか。

夢を抱けなくなると死んでいく人間

ブッダは、地球上の全ての人間がかかり得る病気にかかって亡くなりました。キリストは、十字架に磔《はりつけ》になって亡くなりました。マスター（意識）になった彼らは、私たちに悲惨な最期を通してメッセージを残しています。

人間はあまりにも自己中心的で、自分さえよければいいと考えています。ブッダやキリストは確かに特別な人たちですが、私たちも自分は神様ではない、と考えるのではなくて、自分も光の原理だと一人一人が自覚しなければ意味がありません。だから、夜見る夢も、理想を持つ夢にも、もっとしっかり注意を向けてほしいのです。

夜見る夢の中でキャッチした大切なメッセージを真摯に受け取ってください。創造的なファンタジーの力というのは、人間の特性です。夢を見なくなったら、この種は死んでいくと言われています。

経済が発展していた頃は、あれが欲しいから頑張ろうとか、これを手に入れたいから頑張るという人がいたけれども、ミニマム主義で何も求めないという最近の傾向は、バブルで浮かれていた状態よりもっと悪い。大きなことを望まなくなったら危険です。ファルコは「普通の夢を見ないでください。絶対不可能だと思うぐらい大きな夢を見てください。そうしたら実現します」というのが口癖でした。

陰陽というのも、光の原理と闇の原理が拮抗しています。光と闇という二元性の異なった力が出会って常にバランスが変わるから、この世界は動きがあるのです。

宇宙連合体の形成

Q　先ほどの5つの時の帝国の話で、「時の帝国」という言葉自体がよくわかりませんでした。

A　5つの名前はあまり重要ではなく、宇宙の中で5つの異なった文明を持った種がいたという理解をしておいたほうがいいかもしれません。その5つの異なった文明を持った宇宙に存在した種たちが、宇宙全体で連合体をつくった。そして、例えばムーという文明をもたらした種が、宇宙の幾つかのゾーンにその文明をもたらしていった。このゾーンはムー、このゾーンはアトランティス、それ以外にも幾つかあるわけです。

でも、宇宙はもともと1つだから、私たちは一に向かっていて進化のために向かう方向が共通ならば協力し合ってやりましょうといって、宇宙の5つの異なった文明の帝国が宇宙連合というのを形成しました。

この5つの帝国が地球に非常に関係があるので、5つの帝国の話をしましたが、銀河の中にはたくさんの星々があって、それぞれ連合体をつくっています。

レムリア大陸とゴンドワナ大陸

Q　レムリア大陸もその1つだったのですか？

A　地球は、常に地殻変動があって移動しているわけです。ユーラシア大陸とアフリカ大陸がぶつかって、せりあがってアルプスができました。地球の表面は、常に大陸の地殻変動に伴って動いており、何億年もかかって地殻が寄ったり離れたりして、今の大陸の形になりました。

そのときにレムリア大陸とか、ゴンドワナ大陸と呼ばれていたゾーンがありました。その後、その2つは別の大陸のように伝えられていますが、全く別というよりは、それぞれの帝国の文明の名前ではないかと考えられるのですが、同じものではないかと言われています。地殻変動の場所によって違う名前で残ったのでしょう。

――スターゲートがあいているときには、5つの帝国のいろいろな人が入ってきます。結局は、地殻変動と気候変動、宇宙的な影響による地球の天変地異を超えて生き残るために融合することがあったのです。アトランティスに白い人も黒い人も青い人もいたというのは、そういうことです。――ジュゴン

銀河帝国のルール

古代から人間がさまざまな星や銀河に広がっていく時の基本的なルールがあります。入植できそうな星があったら、それぞれの帝国から扉が開いている間にいろいろな人たちを送り込みます。

1年経ったら、その扉は閉まります。閉まっている間に、それぞれの帝国の人たちが、地球なら地球という星で生き残って発展させます。また扉が開くと、やってきて、また閉じるのくり返しです。

1万年の期間にその星に入植して、どの帝国の人たちがより発展を遂げたか、より

陣地を拡げて生き残っているか、生き残った星の人数が多い帝国を植民地として認めよう、というルールです。

では、地球はどこの所属なのでしょうか。アトランティスでしょうか、ムーでしょうか。ムー帝国の歴史からすると、ある時期はテクノロジーがものすごく発展していって、アトランティスを超えていた時代もありました。

ところが、ムーよりもアトランティスのほうが発展していった時期もあります。地球を何周も取り巻くような津波でアトランティスが海底に沈んでしまって、その時代にあったものが皆、一瞬にして消えました。

地球上でのアトランティスやムーは、そこで文明が消えたわけです。けれども、宇宙のもともとの帝国というのがあって、拡大したり衰退したり、違う帝国と出会って違う文明同士で同盟を結んで、一緒に助け合っていきましょうという時代もあったわけです。

実は、星によっては、すごく野蛮で、進化しないような生命体がうようよしている星もあります。しかし精神的な進化がなかなか進まない星には、進化したところから宇宙船で入植してきたり、また、星によって賢い生命体がいて、精神的な文明の発展をめざしている場合は進化した魂がシンクロニックラインを通して生まれ変わってくるので、そうした変化によって、その星が目指す方向に行くだろうと思われます。

始まりがあって終わりがある物資の世界

ここからは私の仮説です。例えば、自分の過去生をリサーチしていったら、自分はアメリカ人、ヨーロッパ人、アジア人、中国人だったことがあり、今、日本人だったら、精神的なDNAは、5つの帝国の種が全部まざり合っていると言えませんか。

種として別々に分散していることに意味がないわけではないですが、10個の王国がありながらアトランティスという1つの帝国があったように、私たちだって精神的なDNAを蓄積してきたら、結局はハイブリッド種1つでいいということもあります。つまり、自分自身の中にその種の形のいろいろな部分が入っているわけですから。今の私の中には人間に関わるいろいろな形の違いがすでにあるということになります。

「あなたはどこの帝国（星）の出身ですか」と聞かれたら、「私は起源的な人間の神よ」と言うことでいいのではないでしょうか。

危機的な最後の戦いを残された可能性に賭けているわけですから、融合して人間という魂がもともと目指していた善の方向に向かっていくことに祈るのみです。


なぜ「時の帝国」という呼び方をするのでしょうか。例えばこの部分が私たちのテリトリーだとします。今の地球と2万年前の地球は状況が違います。この時代のこの地球がいいなと思って、ここからここまでの時のテリトリーを私たちのテリトリーにしようとすると、どこかの帝国の時のテリトリーということになります。

スピリチュアル物理学を受けたことがない方はピンとこないかもしれませんが、時計があるから時間が存在しているのではありません。時間は、物質を形成する1つの要素、法則として関わっており、私たちの物質の世界は、始まりがあって終わりがあるから、進化ということが概念として成り立つわけです。

私たちが飛行機に乗って東京からローマに行きます。飛行機から降りると、そこはローマです。時のテリトリーというのも同じように考えられます。

2019年11月17日から時のテリトリーを移動するには、タイムマシーンの中に入って、モーターをオンにします。そして扉が開いたら、行こうと思っていた時のポイントに着いている。今ここから私が例えば2万年前の地球のある場所に行ったら、時のテリトリーとして2万年が同時にあることになります。

最近の物理学は、時というのは、過去、現在、未来が同時に存在する究極の現在だと言っています。私がタイムトラベルに行ってもテリトリーが存在していなかったら、2万年前のそのポイントで活動できるわけがありません。時はテリトリーとして存在しているわけです。

アトランティスのテクノロジーの再現「プシコラボラトーレ」

けれど、タイムトラベルは映画で描かれているほど単純なものではなくて、いろいろなことを考え合わせる必要があります。タイムトラベルは、スペーストラベルも含みます。なぜなら、今、地球はここにあるけれども、すごい勢いで動いているからです。2万年前の地球のこのポイントに行こうと言っても、銀河、銀河の中にある太陽系、地球、全部の動きを厳密に計算しないと、そこの場所に行けないわけです。

銀河がぐるっと回って同じ場所に戻ってくるサイクルは2万6000年ですが、銀河自体が巨大な宇宙を動いているので、それも考え合わせて、2万年前の地球（銀河）がどこにいるかということを正確に突きとめなかったら、安全なタイムトラベルはできません。

きょうは2019年。タイムトラベルで100万年前の地球に行こうとしても、地球が同じ場所にはない。私たちの天の川銀河は宇宙のどこにいて、私たちの太陽系はどこにあって、地球はどこにいるということを正確に突きとめないと、100分の1秒たりとも間違ってはいけない。だから、この複雑な計算がどれほど厳密でなければいけないかというのがわかりますね。少しでも間違えたら、宇宙の何もないところに出て死んでしまう。または、間違って太陽の中心に出たら、溶けて終わりです（笑）。

安全で確実なタイムトラベルをやろうと思ったら、これを割り出すためのシステムが必要です。かつてアトランティスは、これを計算できるテクノロジーを持っていました。今の地球上のスーパーコンピューターを全部つなげても、このような計算はできません。ブラックホールを使わずに、自分たちが必要だと思うときにスターゲートをあけて、必要なポイント、必要な星、必要な時に移動しようと思ったら、キャビンが必要です。それをするためには、この複雑な計算がきっちりできるシステムが必要です。

ダマヌールでは、それを使って3000回タイムトラベルの実験を行っています。そのスーパーコンピューターの名前は、プシコラボラトーレ。プシコというのは精神という意味です。

プシコラボラトーレというテクノロジーは、アトランティスで使っていたものをもう1度再構築したものです。

ダマヌールで行った初めてのタイムトラベルで2万2000年前のアトランティスに行って、緻密なデータを取り戻して、それをテクノロジーとして現代で使えるように整備した。プシコラボラトーレは、全部が物質ではありません。私たちが毎日乗る車のエンジンも、たくさんの異なった部品が一緒になって初めてできるのです。

私たちが使っているGPSとはどんなシステムか。宇宙に衛星がいっぱい上がっていますが、少なくとも3つの衛星がないと、ナビゲーションシステムは機能しません。3つの衛星からの直線が交わるところがあって、そこがあなたのいる場所だとわかる。最低3つの衛星があったら、GPSのシステムは機能するわけです。

時のテリトリーは3つではダメで、時間の衛星というのがあります。時間のテリトリーのGPSシステムは、打ち上げた800の時間の衛星を作動させて割り出します。どこのポイントかということがわかります。時間の衛星はミクロンの大きさで、それはマジックな知識とセルフ学という専門性を合わせて使っているテクノロジーです。マジックな領域の究極の科学というのは、精密で、複雑なことを網羅しています。

不思議な、変わったエイリアンのことをもっと聞きたいですか。でも、本当は自分が一番変わっていたりします（笑）。

神と霊とETの分類

宇宙の96％はないいろいろな次元です。アストラルな次元も層のようになっているから、たくさんあります。それぞれのところに形の違う生き物がいます。それはETとは言わないです。フリークエンスや波長も違います。

幽霊というのは、肉体が死んで、物質の世界から離れてアストラルの次元の存在になったものです。アストラルの次元から次の生まれ変わりに向けて通過していく次元がたくさんあって、すべての次元を通過するのを完了するまで、亡くなってから約70日かかります。この物質次元に思いを残したとか、この次元に執着が強くて、物質次元につながれた状態でアストラル次元から次の次元に通過できなくなっているのが幽霊です。

震災などで亡くなった人たちは、自分が死んだということすら気づいていない。そういう人たちを助けるために、「マジックな旅」を行います。幾つかの場所でやるのですが、その場合、グループでやります。

神とか霊とかETとか、正確に分類する必要があります。それらは明確に精神的な生体系の中で棲み分けられるのです。

私たちがそれぞれとコンタクトするためには、どれだけのエネルギーが必要か、どういったやり方があるのか？　マジックな科学に基づいた道具を使い分ける必要があります。


シンクロニックラインのところに宇宙のエネルギーが多く集まるので、私たちは毎週神殿に行って、異なった数種類のフリークエンスのエネルギーに精製し分けるという仕事をやっていたのですが、精神性とか言いながら、それをお金儲けの道具にしている人が多いから、一人一人が神だという前提でやらないといけません。

霊には肉体はないのですが、エイリアン（ET）には肉体があります。幽体離脱というのは、肉体は生きているけれども、アストラル体で離れることができるわけです。離れることはできるけれども、肉体とのつながりがあるので、肉体からエネルギーが供給されています。ところが、肉体とのつながりが切れて霊体だけになってアストラル次元にいるのが、幽霊です。エイリアンでやってきている存在はアストラルトラベルの状態です。死んだのに、本来通過していくべき次元を順調に進んで行けずにアストラル次元をウロウロしているのが幽霊です。

共生するエイリアン

それ以外に、アストラル次元の寄生虫みたいなものがいて、それらは生きた人間からエネルギーを吸い取りにきます。私たちは死んだらすぐにアストラル次元に存在します。この時点では、物質の次元に近いアストラル次元のレベルにいます。正常な死後のプロセスであれば、アストラル次元で徐々に精製されて、準備ができたら次の異なった次元に通過します。

その時に、アストラル体はその次元に置いていき徐々に消滅します。消えていく間のアストラル体に人生の様々な記憶が残っています。

その亡くなった人の記憶を読み取って、その人になりきるアストラルな寄生虫をからっぽの殻と呼びます。その存在が生きたエネルギーを得て存在し続けようとする時に、たまたまアストラルトラベル中の生きた人の肉体を見つけて、その人の肉体の周りのオーラの防御が弱っていた場合、その肉体にからっぽの殻が入り込むのです。

映画「スター・ウォーズ」「スターゲイト」「スター・トレック」は見ておいたほうがいいです。ファンタジーの力が広がります。昔の映画で「第5惑星」というのがあります。宇宙飛行士が知らない星に不時着します。そこに爬虫類のようなエイリアンがいて、精神性は地球の人間より高くて、いろいろ教えてくれて2人で生きていきます。

そのエイリアンは両性なので自分の中で子供ができるのですが、生まれたエイリアンを宇宙飛行士に託して死んでしまいます、その後、その子供は捕らえられ、宇宙飛行士は救出しようと奮闘します。形を超えた友情と誠実な心、人間の原理的な良さや愛が溢れている映画です。

海の上を飛び続けるエイリアン

宇宙のさまざまな星にはどのようなエイリアンがいるかについて、もう少しお話しします。

海の上をずっと飛び続けるエイリアンがいます。その種の星は地球よりも少し大きくて、島も大陸もなく、水だけでできています。この種は、水の中にいる生き物や、飛んでいる自分よりも小さくて弱いものを取って食べます。マグロは海の中を泳ぎ続けますが、この種はずっと空を飛び続けていて、寝るときも飛んでいて、着陸する土地はどこにもありません。

この種は、水の世界は、スピリチュアルで大きな世界だと感じていて、下にある水の世界は見えるけれど、飛んでいる空より上は見えません。彼らは進化した賢い生き物ですが、宇宙が存在しているとか、ほかの星があるとかは全然考えません。

彼らの文明は、かなり進化したテクノロジーが実現しています。自分たちの特性を使って、自分たちの生きている環境をつくり変えることができます。飛んでいる世界を変えたいと思ったら、空気は土と違って変化し続けるのでつくり変えることができます。

空中に存在するもので物質的に密度があるのは、自分たちの体とほかの飛んでいる生き物で、自分たちが食べることができるものです。彼らは小さなグループに分かれて一緒に生きていき、空中にテリトリーはあるけど、家はありません。常に飛び続けていて、水に浮かんで止まるのは餌を取りに行くときだけで、体に備わっているソナーで魚たちをどんどん引き寄せることもできます。

このエイリアンにとって大切なのは芸術です。空中で雲のようなものをつくっても、風とともに消えていく。でも、表現することはとても大事なので、私たちが土や木で彫像するように、彼らは雲を使って形づくります。食べた後の魚の小さな骨を使ったり、自分の体から抜ける羽をちょっとつけ加えて、芸術的な創作をします。生きている間は、こういう活動をしながらずっと飛び続けていますが、死ぬときは、水の中に落ちて、おしまいです。飛ぶ姿は、人間がバレエを踊るような芸術的な姿です。飛ぶ姿で、優雅な自分らしさを表現するのは、彼らにとっては非常に大切な要素です。

彼らにとっての精神性の中心は海です。彼らは海に浮かぶ卵から生まれます。海から誕生して、海に還っていく。死んで海の中に行くのは、自分たちが望んだ精神的な世界に行くことになります。

精神的な世界である海に入ってみたいけど、生きている間は無理だと思っています。海はあらゆる神秘的な伝説・神話の中心なのです。

海の中のある深さ以上に行ってはいけない。それより深いところは、魂だけが行ける神聖な区域。そこには死んだ後にしか立ち入れない。しかも、その神聖な区域にアクセスできるのは、生きている間にあるレベル以上の知恵を得られた魂だけ。全ての神々は、深い神聖な区域（パンテオン）に生きていると考えています。

彼らのルーツは、海の神様が、こういう形の種をつくって海から放り出したものです。だから自分たちはずっと空中を飛び続けていて、飛び続けながら、魂が浄化されるような知恵を備えるのです。

しかし、このエイリアンにとって哲学的に理解が困難なことが出てきました。海の中には、自分たちをいつも見張っている危険な存在がいる。危険な悪い存在がどうして海の中の神聖な区域にいられるのだろうか、自分たちがポーンと放り出されたのは拒否されたということなのだろうかと考え始めて、いろいろな哲学や宗教が生まれました。

自分たちを食べようとしている海の中の存在に自分を捧げたら、浄化してくれて、魂が自由になれるのではないか、それならそこへ自分を捧げたらいいと考えて、みずからドラゴンに食べられようというグループも出てきました。

それでドラゴンの数が増えて、この種がどんどん減っていきました。しかし、こんなに自分たちの数が減るのはおかしいと気がついて、それはやめたほうがいいと言い出しました。ドラゴンは自分たちの祖先で、善い存在だと思っているグループと、悪だから退治したほうがいいという2つのグループが対立して、宗教戦争になりました。

環境が違うにせよ、自分たちが知らない世界のことを、どういうふうに捉えて、何を信じるか。信じることが違ってくると、どちらが正しいかということを正当化するために戦いが起こります。

地球上でも宗教戦争で死んだ人間が一番多い。ほかの星でも同じようなことが起こります。私たちの神様のほうが正しいとか、この経典が正しいとか、その違いを認めないことで悲惨な思いをしている星と種がたくさんいます。

違う星に生まれ変わる可能性

Q　私たちは今、地球でこの形の人間の中にいますが、これしか知らないということはないですね。

A　もしかしたら私たちも、地球人のこの形の人間という体験が飽和状態になって、違う星の違う形の中で人間という体験をしたほうがよいときがきて、別の星に生まれ変わる可能性もあります。

自覚を持つことが精神的な進化

Q　どこの星に生まれるかというのは、自分で決められるのですか。

A　あなたは自分自身がどれだけの体験をして、その結果としてここにいるということを自覚していますか？　全部わかっていたらまだ何が足りないかがわかりますね。私たちが死んでも、魂は存在し続ける。でも、魂は、ずっとここにいて朽ち果てていく自分の肉体を見ているわけではないですね。行くべきところがある。どこへ行くのでしょうか。自分自身が次に生まれ変わるときに、どこへ行くかは自分で決められません。私たちの魂がいかなる自覚を持てるか。今はここにいてもある部分は違うことを考えているし、全部がここにいるとは言えない。より広がりのあるさまざまな部分を自覚して持てるのが、精神的な進化と言えるわけです。

知識がたくさん蓄積して意識に変わります。何も知らないで適当に生きていては、残念ながら、いつまでたっても知識が蓄積して意識になることはない。知識が蓄積してだんだん自覚が変わってくると、自分に何が足りないかがわかってくるのです。

神様としての自覚

Q　それだけのたくさんの体験が必要ということですか。

A　たくさん体験していても、自覚とか記憶を持って次に生まれ変われるレベルになっていなかったら、生まれ変わるたびにゼロから再出発するのです。

自由意思を一人一人が持っていますが、それは「ラーメンかうどんか、どちらを食べるか」を決める選択のことではありません。神様になるために進化の方向に向かうのか動物のままでいるのか、というような人生の方向を決定する選択です。

私たちはよく生きているというけれど、結局は動物の本能に基づいて、動物としてよりよく生きているにすぎない。けれども私たちは自由意思を持っているので、どこに向かって何のために生きるか、何のために存在しているか、どうやって生きるかということが、常に質問として浮かび上がってくるわけです。

その質問に対して答えを見つけていくときの自覚が、動物としての本能的な自覚ではなくて、私たちが神としてこの形の中にいる人間の自覚なのです。好きなことだけをやるのがいいことだと思っているけれど、実は逆で、何でこんなことを私が体験しなければいけないのかということの中に、自分自身の答えを見つける大きな鍵が隠されているのです。

ところが普通は、イヤだし、きついし、逃げたくなるわけです。そうすると絶対に鍵が見つからない。毎瞬やってくる出来事というのは偶然ではなくシンクロニシティです。

宇宙の中で進化するために役立つ出来事が、宇宙の創造に関わるシンクロニシティの法則によって起こるのです。その瞬間の出来事に全身全霊で生きて、答えを見つけようと常に思っていたら、鍵は見つかります。その延長上に、だんだんわかってくることがある。

死んだ後のプロセスとか、次に生まれ変わるまでのプロセスを私たちはあまりにも知らない。だから死ぬことが怖い。死んで、自分自身が魂となって存在し続けると、生きているときには思いもしなかったようないろいろな現実に遭遇する。それでとまどってしまう人もいる。それほど準備がないまま私たちは死んでいるのです。

よく生きることはよく死ぬことだというのは、もちろんそうですが、死後の世界はとても複雑で微妙な部分で成り立っています。

例えば、あなたが閉ざされた部屋にいるとします。自分が閉ざされてここにいるということはわかります。その部屋は、窓もなければ扉もない、壁だけ。だから、何もしなかったら、そこから出られない。まず、どこから出たらいいか、どこか出口がないだろうかと考える。もし壁にちょっと隙間が見えたら、これは扉かもしれないと、押したり引いたりするけど、出られなかったらそこで死ぬだけです。「あ、いいアイデアが浮かんだ。上を押してみよう」と思いつくかもしれない。アイデアが浮かんだら実行しないとダメです。私たちは生きていく中で、壁に囲まれてどこにも出口がないという体験を誰もがします。そのときに「どうやったら出られるか」と考えなかったら、それで終わりです。

大事なことを書き（刻み）続けるエイリアン

次は、ずっと書き（刻み）続けるというエイリアンです。地球から遠く離れた星にいる種です。このエイリアンは屋外にだけ存在していて、自分が移動する大地の上を丈夫な爪で刻んでいきます。この特徴を持った種は宇宙でもすごく少ないです。

この種の主要な感覚は触覚で、見えないし聞こえないから、一人一人が、この世界には自分しかいないという感覚で存在しています。だから、自分自身とコミュニケーションするしかありません。コミュニケーションの手段は、自分で何かを書いて、自分で感じることです。

そしてすばらしい賢さと触覚を持っているので、その感覚全ては、自分が触ることができる大地に集中しています。自分が大事だと思うことを大地に刻み続けます。

この星は、主に黒っぽいガラスのような石でできていて、常に風が吹き続けているので、何かを刻んだとしても、風が吹いてその痕跡を埋めてしまいます。書いたのにすぐ消えるので、常に書き続けて痕跡を残さなければならないのです。

例えば、自分しかいないと思っているのに、自分が書いた覚えのないものを見つけることがある。自分は永遠の時間を生きている存在なので、いつ書いたのか覚えていない。でも、自分が書いたのは確かだと思う。ほかに自分と同じような存在がいるということは夢にも思わない。違う個体と個体が出会うことがあっても、絶対わからない。それぞれが岩だ、動くオブジェクトだと思う（笑）。風がこんなに吹いているのだから、あるオブジェクトが風で動いているのだと思う。だから、この世界には自分しか存在しないと確信しているのです。

Q 恋も結婚もしないで、どうやって繁殖するのですか。

A　男女がいないと繁殖しないという種ばかりではありません。精子と卵子が合体するのと似たようなことを書く。書くという行為は、私たちのセックスに当たるようなことで、刻んでいるものを集めて、数を増やしていく。自家増殖のようなものです。生まれてすぐから書いている。誕生の記憶はないから、自分自身で創造したという感覚です。

こういう特徴を持った種だからこそ発展してきた人生哲学があります。自分は、自分の中のたくさんの異なったパーソナリティーで成り立っている。たくさんのパーソナリティーたちが交代しながら自分自身をガイドしている。だから自分が書いたものを覚えていない。パーソナリティーが代わって書いているから覚えていなくて当然だ。

しかし、そのパーソナリティーたちを完璧に統合することができたら、何にも忘れることがない。私のマインドは、いろいろな見方を発展させることができる。私自身が異なった表現をすることができる。何百万という異なったパーソナリティーたちが私の中にいるから、永遠に自分が変わり続けるような存在だという哲学です。

100万人以上の異なったパーソナリティーを完璧に統合することができたある個体は、そのときにこう思いました。もしかしたら存在しているのは私だけじゃないかもしれない（笑）。それで、自分が書いたところには自分のサインを残すことにした。これは精神的な進化の達成です。この種が進化した結果、自分は唯一の存在ではないかもしれないという思いに至ったのです。

数はどんどん増えるのに、自分自身が刻んでいたことが全部は見つからない。この種の中でも特に賢さを持っていた個体が言いました。きっとこれは風が消したのだろう。なぜかといったら、私は常に書き続けているのに、全部は見つからない。いつもどこかが欠けてしまっている。誰がそれを刻んだのかということを理解する必要がある。だから、自分の名前だけをサインするようにしたら、何かわかるのではないか。

それ以外の多くの個体は、サインがあるから、これをまねして書いていく（笑）。それは覚えていないだけで自分が書いたものだというので、あっちに行ったり、こっちに行ったり、風の中をいろいろ移動しながら、その名前をいっぱい書いていった。

その結果、その種の中でも賢さがあって、より進化した存在は、自分自身がサインした覚えがないのに、たくさんのサインが見つかって驚いた。2000個ぐらいサインを書いたのに1万個ぐらい見つかったので、おかしいなと思い始めた。

こうして彼らの信仰が生まれたのです。この種のある個体が言いました。私たちのこの星、この世界に自分が存在することを確かめるためにやれることは、祈って、祈って、祈ること、それだけだ、と。祈りである同じサインをずっと繰り返していく。私がやったことを全部覚えていられるように祈りをずっと書いていったら、きっと進化して覚えていられるようになる、そう信じることが信仰になったわけです。

彼らが言うには、自分が書いたのと同じようなポジティブなサインを見つける。自分がわからないサインは否定的なサインだ。なぜかというと、これは自分が書いたに違いないが、自分はそれを覚えていない。知らないというのは、自分の統合がまだできていない、欠けている部分があるということだ。

否定的なサインを見つけたらすぐに消して、ポジティブな祈りのフレーズとサインに変えなければいけない。

ずっと書いていくのは、テリトリーを取り合っているようなものです。違う人のサインを消して自分のサインを書くのですから。けれども彼らの場合は自分しかいないので、自分と自分との戦いです。自分と違う存在を認める種であれば自分と別の祈る対象がありますが、彼らの場合、自分しかいないのでそれはあり得ない。この特性を持つ種は宇宙に4～5種類ぐらいしか存在しません。宇宙の中で非常にうぬぼれた種の中の1つです。人間はその4～5種類には入っていません。なぜなら、それ以上にうぬぼれているから(笑)。宇宙には人間しかいないと思っているから。

私たちからすると、不思議な変な種が宇宙にはたくさん存在しています。これも私たちと同じ魂を宿している自分の一部です。様々な種があってこそ、私たちは究極の一(イチ)、大きな鏡に戻っていくことが実現できるのです。

Q それぞれの種が人生哲学を持っているのですか。

A 必ずしもそうではありません。その種が持っている感覚、存在している環境によって、その人たちが感じていること、現実感が違ってくるわけです。

自分のコピーで進化に向かう、速さのエイリアン

これはまたおもしろい種で、速さのエイリアンです。彼らはすごく速く自由に動き、賢さを持っています。広大な銀河は自分たちのテリトリーで、その中をできるだけ速く動くことが大事なのです。何をやるにしてもできるだけ速くやる。子どもを選んで、英才教育をして、何でも速くできるように訓練します。

彼らが信じていた哲学は、人生の長さには限界があり、それに反して自分たちの存在する宇宙はとても広いから、進化するためにはできる限り速く動けるようにならないといけないというコンセプトで文明が発展していき、何でも速い人たちがどんどん誕生していった。あまりにも速いので、その種に出会っても、出会ったと感じられない。何をやるにも、短い時間にたくさんのことができる。この能力のおかげで、幾つもの異なった銀河を移動できるようになった。この宇宙を統制しているいろいろな法則を自分たちが自由に使えるようになったら、あらゆる銀河のあらゆるポイントにア

クセスすることができる。

だけど宇宙をこんなに速く動くことができても、自分しかいないみたいな孤独感。こんなに広がりのある宇宙を速く動くだけでは不十分だと気がついた。

そこで彼らは、宇宙の長さと自分たちの種の寿命があまりにも違い過ぎるので、宇宙の大きさに合うように、この種の有機的な生命の長さをできるだけ延ばそう、個々の寿命が延びたら宇宙を探究できて、自分たちのテリトリーとして使うことができるのではないかと思い始めた。つまり、この種の持てる力や可能性で永遠の命を何とか実現できないかと考えたのです。

そして、大事な結果を得ました。その種の持っている遺伝子のあらゆる部分をつぶさに分析し研究して、有機的なメカニックなものに意識を移入することができるようになった。ロボットとかアンドロイド、ＡＩ、それから、頭脳の移植を今やり始めています。

この種の平均寿命は２２００年です。次のステップとして、個人のコピーを幾つかつくる。これが今、地球上で行っているクローンです。速い種であっても1人では宇宙全てを探究することはできない。有機的な自分のコピーのロボットを使って、そこに複数のパーソナリティーを移入する。自分と同じように、テクノロジーで生み出された有機的なロボットの1個1個が2200年生きられたら、いろいろなところに送って宇宙を探究することができるのではないか。

地球上の私たちは、違う体の中に魂が入って生まれ変わることで魂の進化につながっていきますが、彼らは、たくさんの有機的な自分のコピーで進化に向かっていく。有機的な自分のコピーロボットの基本的な記憶は、最初の「私」をデータベースに供給する。100万体の自分のクローンがいたら、100万体のそれぞれは「私」がベースなわけです。

ところが、100万体のそれぞれの個が宇宙のさまざまな異なったところに行くと、スタートのデータベースは共有だったけれども、そこに蓄積していく体験のデータはそれぞれが違う。蓄積していったデータがあまりにも違ってくると、違う個人になる。それぞれのクローンの中にどれだけの魂が宿っているか。自分の魂が100万個に分け御霊のように入っているのか、それとも全然違う何かになるのか。こういう種は、幾つかの異なった星にもいます。

形はもともとは私たちと同じような感じでしょうか。速く動くから、太っていないと思いますが。サイエンスフィクションのテレビドラマがありましたね。火が出たり、瞬間移動できたり、パラノーマルなエイリアンです。そういうDNAをもらったら、もう少し速く何かができるかもしれません。

これらは非常に特徴のある極端なエイリアンの幾つかですが、まだまだいます。「スター・トレック」を見ていると、マルチフォルムといって、液体でシュッとやったら、その人のコピーになれる、形を自由に変えられる種もいますが、そういうのは危ない。

銀河だけでも異なった星がたくさんあるわけだから、そこで暮らして体現していく命の形はいろいろです。

例えば「偉大な創造者」と名づけたエイリアンがいます。その個体は富士山ぐらい大きさだけど、いろいろなタイプのエネルギーの体の構造を持っています。

幾つかの異なった次元が層のようになって宇宙を形成していて、この種は、ある次元からある次元へ通過していくポイントをシュッと移動します。私たちの次元でも、その種が時々通過していきます。

それぞれの次元で違うエネルギーの滋養があるので、放牧場に行く感じです。ここで食べて、次に移動して食べてというふうに、異なった次元の幾つかのポイントで滋養を得て、通過して、また戻ってくる感じです。

このように変わった賢さを持った、私たちと同じ魂を宿したエイリアンがたくさんいますから、またの機会にお話ししたいと思います。

精神性の高いエイリアン
エンキドゥとのエピソード

テレパシーと聖なる言語

ここからフェニーチェがお話しすることは、フェニーチェやダマヌールの住人が、実際に体験したエンキドゥと呼ばれるエイリアンのお話です。決してサイエンスフィクションではありません。

エンキドゥは、1983年頃から何度かダマヌールに現れていました。最初の頃は、キルと言う名前で呼ばれていました。彼はよその星からやってくるエイリアンです。ファルコは、今世だけでなく、過去の時間に生きたいくつかの人生も含めて、とても昔から、エンキドゥと友人でした。ファルコは、イルミネーションをした後、宇宙全体で人間の魂の覚醒のプログラムを推進する「宇宙の進化を見守る賢者の議会」のメンバーの1人として、さまざまな星の精神性の高いエイリアンたちとのコンタクトを維持し続けていました。その中でも、特にエンキドゥは友達と言える存在だったのです。

その当時、ファルコの家（アヴァールというダマヌールのコミュニティの1つ）にエンキドゥが現れていましたから、ダマヌールの住人の何人かは直接エンキドゥと接することがありました。

エンキドゥが自分の星に帰ったのちに、ファルコに私たちがエンキドゥについていろいろ質問すると、答えることもあれば、答えないこともありました。エンキドゥは地球からそれほど遠くない星からやってくる存在でした。

その星の名前はノーエと言います。そのノーエという星の人間の魂を宿す住人の体は、私たち地球人と同様に2本足で立って歩き、肉体の構造は地球人と結構似ているそうです。ファルコが、笑いながらイタズラっぽく「彼らは私たち地球人とよく似ている。違いは毛むくじゃらで尻尾があることかな」と語りました。

ファルコはいつエンキドゥが自分のところにやって来るかを知っていましたが、私たち住人にとってはいつも突然の出来事でした。エンキドゥはファルコの部屋に現れ、アヴァール（ファルコが住んでいた時のコミュニティの名前）に滞在することが常でした。アヴァールには、4～5回はやってきたと思います。

それ以外にもエンキドゥは、ファルコの必要なことがある時に来ていたようです。ですから、数回はマジックなオペレーションのための旅先に現れたり、ダマヌールの人類の神殿の屋外部分である聖なる森に現れたこともあります。

ある時は、結構長く滞在していました。連続7～8日ぐらいだったでしょうか。ノーエという星は地球と似ているけれど、全てが同じではないので、私たちのところにエンキドゥがやって来るときは、ノーエでエンキドゥの肉体を非物質化して、この地球に移動し、地球に到着する瞬間にこの地球の環境に適した体に変換して再構成します。

エンキドゥが地球で存在しやすい形は、ゴリラのような体でした。身長は2m以上ありました。私（フェニーチェ）は彼を初めて見たとき、あまりに大きな体をしたゴリラが真っ直ぐに2本足で立って歩くその威厳のある姿に非常に驚きました。

初対面の印象は、「まるで、黒い大きなタンスのようだ！」でした。エンキドゥは2本足で起立していて、とても大きな頭でした。もしかすると、私は、初対面だったために驚きすぎて、実際よりも大きい印象を持ったのかもしれません。エンキドゥの毛は黒に近い茶色でした。一番印象的だったのが、目です。優しさを感じる目でしたが、そのまなざしは、人の内面を通過して見透かすような鋭いものでした。

私がエンキドゥの印象的なまなざしに気がついて、目を観察しようとしているのを見たファルコは「彼の目を直視してはいけない。彼らにとって目を注視されることは、本能的に敵意を表す意味があるので、エンキドゥがイライラするから」と言いました。私は、そのことを知らなかったので、エンキドゥの内面を見透かすような目を一瞬だけ見ることができたのです。

その時代のアヴァールのメンバーには、カストーロという男の人がいて、エンキドゥはカストーロのことを妙に気に入っていました。ファルコの部屋は1階で、カストーロは2階に住んでいました。アヴァールのメンバーは、皆が1階のリビングでファルコと共に食事や談話をします。エンキドゥはファルコが家にいる時は、常にファルコと一緒にいて、ファルコの言うことには素直に従っていました。けれど、ファルコ以外のアヴァールの住人が「そこに行ってはだめ、落ち着いてここにいて」と言っても無視して好きなように家の中を動きました。

エンキドゥの食事は、ゴリラのように、バナナでした。カストーロはエンキドゥのためにバナナを山のように買いに行く役割だったので、エンキドゥはカストーロのことを気に入っていたようです。エンキドゥは、カストーロをひょいっと抱いて揺すったり、抱きかかえた状態からカストーロを天井に向けて投げて、空中から下りてくると、また抱き留めて、再び投げたりと、まるで子供をあやすように遊んでいました。もちろん、その時のカストーロの顔は真っ青でした。それを見たファルコは死ぬほど笑っていました。

ある時エンキドゥがカストーロを強く投げすぎて、カストーロが天井にぶつかってしまいました。そこでファルコはエンキドゥに、「もうカストーロを投げて遊んではだめ」と禁止しました。それ以降、ファルコから禁止されたとはいえ、エンキドゥに捕まえられて遊ばれることを恐れたカストーロはエンキドゥのところにバナナを届けたら、すぐに逃げるようになりました。

その当時、アヴァールの2階には大きなカーテンがかかっている部屋がありました。

エンキドゥがやって来るときには、最初にそのカーテンからエンキドゥの手が出てきて、徐々に体全体が現れてくるというふうに、この世界に姿を現していました。それはまるで映画のスクリーンを見ているかのようでした。その部屋のカーテンは、たぶんスターゲートのような役割をしていたのでしょう。

その部屋はファルコが特別な仕事や研究をするときに使っていた部屋です。エンキドゥは、私たちにとっては、突然アヴァールにやってくることもあり、その瞬間にファルコがそこにいなければ、その部屋で物質化したのちに、おとなしくファルコの帰りを待っていました。

ファルコが帰ってきたら、その部屋から外に出てきて、ファルコと話をしたり、家の中をウロウロしたりしていました。エンキドゥがきちんと対話するのは、唯一ファルコとだけでした。エンキドゥとファルコの対話の方法は、テレパシーと聖なる言語や宇宙で賢者たちが共通に使うマジックな言語でした。

バイタの神殿

ある日、ファルコはエンキドゥに「バイタの神殿と言う特別な神殿があるので、そこにあなたを連れていきましょう。その神殿を実際に見せてあげます」と言いました。エンキドゥが滞在するアヴァールから、バイタの神殿までは約18㎞ありました。

車が必要ですが、それだけ大きなゴリラを乗せられるようなトラックはありません。どのように連れていくか考えた結果、ファルコがその当時使用していたアルジェンタという車で行くことになりました。それは結構大きな車で、ルーフが付いていて、それを開ければ、なんとかエンキドゥも乗れるだろうということになったのです。

実際、ファルコが運転し、その隣でエンキドゥは助手席に座り、ルーフからは肩から上が出ている状態で乗りました。道行く人は、車の上から出ているゴリラの頭を見て、「なんだろう?」と不思議がっていました。

ダマヌールの住人たちは「これで一般道を走るのですか?」と驚いていましたが、

ファルコは「他に方法がないから、これで行こう」とバイタの神殿まで車を走らせました。

エンキドゥはルーフから顔を出して、珍しそうに、景色などを見ていました。後になってわかったことですが、ただ単に珍しがって景色を見ていただけではなく、アヴァールからバイタの神殿までの道順を完璧に記憶するために注意しながら見回していたのでした。

ダマヌールの住民は、ファルコの車を怪しがって警察や地域の人たちから止められないかと心配していましたが、道行く人は、カーニバルの着ぐるみなのか？ と思っていたようで、特に問題にはなりませんでした。とにかく、その車を目にした人々は、「何だろう？ ゴリラ？」と不思議そうな顔をしていました。

バイタの神殿に到着し、エンキドゥはなんとか車から降りました。その車はエンキドゥの体からすると小さすぎるようでした。バイタの神殿のテリトリーには小さな建物と、広い森があります。建物以外に、広い森にもファルコがエンキドゥを連れて行って、そこにある神聖な場所の案内をしました。

私はその時に彼らと一緒ではなかったのですが、おそらくファルコは、バイタの神殿でどのようなことが行われているかを説明しながら、それらが行われているいくつかの場所を見せたのだと思います。

そして帰りもファルコの車でエンキドゥを乗せてアヴァールまで戻ってきました。バイタの神殿があるヴァルキュゼラの谷間の村々の住民は、「ゴリラがどこかから逃げて、それを捕まえて連れて行ったのかしら？」などと噂をしていたようです。ファルコは「皆がそれを信じるように、そのニュースを広めよう」と言いました。そこで「ダマヌールでは、小さな動物園から逃げたゴリラを捕まえて保護した」という噂話を広めました。

アヴァールのあるクチェリオという村は小さく、ファルコは１９８０年代初期の頃から、ずっとその家に住んでいました。エンキドゥのことを保護したゴリラという噂を流しましたが、村人の中には、「あの人は魔法使いだから、何をしているかわからない。本当に動物園のゴリラなのか？」と疑う人もいましたが、徐々に噂は消えていきました。

魔法の鏡

　ある夜、アヴァールに滞在していたエンキドゥが、突然一人で外に出て行きました。アヴァールの住人たちは、エンキドゥとは直接対話できないどころか、イライラして怒られたら怖いと思っていました。それでもファルコが家にいない時は、常にエンキドゥがどのような状態でいるかを注意していなければなりませんでした。それなのに、突然家からいなくなったため、皆がとても心配しました。

　ファルコは「心配しなくていい。自分でちゃんと家に戻ってくるから」と言いました。

　実は、エンキドゥは約18㎞の道のりを歩いて、バイタの神殿まで1人で行っていたのでした。その日、バイタの神殿に宿泊してマジックなオペレーションを行っていた当番の人たちは、突然エンキドゥが来たので、死ぬほど驚きました。

　バイタの神殿の2階部分は儀式的な仕事をするための研究室になっていて、マジックな道具がたくさんあります。エンキドゥはそこに1人で閉じこもって、何かをし始めました。

皆が1階で心配して、耳を澄ましていました。トントンという音が数時間聞こえた後、部屋から1人で出てきて、皆に「さよなら」というように手を振るジェスチャーをして、塀を飛び越えてアヴァールに戻っていきました。

バイタの神殿の当番をしていた人たちは、エンキドゥが研究室を壊したのではないかと心配していましたが、彼が帰った後に部屋を見に行くと、テーブルの上に彼が作った新しい魔法の道具が1つ置かれていました。

その道具には、特別な液体が入った小さな球体が、木製の雫型の入れ物に入っており、その入れ物の中は真っ黒で、外側は赤で塗られていました。そして、赤地のところに聖なる言語が刻まれていました。

その掌に乗るくらいの球体の中には、セルフ学を用いた金線と銅線でできた小さな複雑な螺旋が入っていました。エンキドゥのあの大きな手で、どのようにこの細かい作業ができたのかは大いなる謎でした。

ファルコに「これは何ですか？」と尋ねたら、「特別な出来事を見るための鏡の役割をする魔法の道具です」と説明していました。魔法の鏡のことです。

雫型の容器の中に水を入れて使います。今もそれはバイタの神殿にあり、特別なオペレーションの時に魔法の道具として実用的に使われています。

この魔法の鏡は、予知する出来事のイメージがそこに映るようになっています。魔法の水鏡とも言います。エンキドゥが、その魔法の道具を作ってくれたということはファルコと同じように魔法の知識があるということでしょう。

崇高な挨拶

ある時期、バイタの神殿では高度な神智学のオペレーションを継続的に行っていました。私（フェニーチェ）はそのオペレーションに参加するために、定期的にバイタの神殿に行っていました。すると、エンキドゥを伴ったファルコに、バイタの神殿で出会うこともありました。

ある日のエンキドゥは落ち着いていて、ファルコはその日のバイタのオペレーションに参加する人たちを、一人一人エンキドゥに紹介してくれました。紹介する時、ファルコから「エンキドゥの目を直視したり凝視したりしないように」と指示がありました。エンキドゥは目を見られるとイライラするようですが、それ以外の時は、威厳があり、崇高な存在だったと、皆が口を揃えて言いました。

エンキドゥは2本足で起立していました。ファルコは「一人一人、エンキドゥの前に行って、合掌してお辞儀して彼に挨拶をしてください」と言いました。なぜなら私たちは今のファルコの友人であり、仲間なので、ファルコの親愛なる友人であるエンキドゥにとって、私たちのことを知るのは喜びだったのです。1人ずつ、順番にエンキドゥの前で合掌してお辞儀をすると、エンキドゥもその人に対し、合掌してお辞儀をしました。その姿はとても崇高なものでした。

縮小したエンキドゥ

ダマヌールの最初に創立された、ダミール（首都という意味）というコミュニティがありますが、そこにはダミールのシアターと呼ばれる場所があります。木製の床で、その床には六芒星《ろくぼうせい》の図形と、その周りに螺旋が描かれていました。

ある晩、ファルコから皆に招集がかかりました。集まった人たちに、「エンキドゥを呼び寄せなければなりません。違う星からやってくるので、一度あちらで体をエネルギーレベルまで分解して、こちらで再構成するオペレーションです。そのためのエネルギーが足りないので、皆に参加してもらい、エネルギーを供給してもらう必要があります」とファルコが言いました。

私たちの生きた集団のエネルギーを使って、エンキドゥを呼び寄せて物質化することが必要だということでした。そして、何重もの円を描くように私たちが配置して、皆が円の中心に注意を向けました。

最初は手をつなぎ、円になった後、お互いの手を放して、皆が両腕を胸の前で真っ直ぐに伸ばし、中心に向けました。

それからファルコから教えられた特別な音を皆で発しました。「エンキドゥが現れるまで続けてください。あなたたちのエネルギーとその音で呼び寄せなければいけません」とファルコは言いました。

しばらくすると、エンキドゥが本当に円の中心に現れました。現れたのですが、いつもよりやや小さめでした。エネルギーが十分に足りず、縮小したエンキドゥになっていました。彼は、そのことによって、無理やり小さな服を着せられるかのように、本来のサイズより小さな体をまとうことになったのが心地悪そうで、機嫌を損ねたように、イライラして怒っているかのように現れました。

ファルコはすぐに、エンキドゥの手を引いて外に連れ出しました。広場に向かってテリトリー内を歩いている2人の様子を、シアターから出てきた人たちが興味津々で見ていたので、エンキドゥはさらに不快に思ったらしく、外に置かれていたテーブルを彼らに向けて、投げつけました。

ファルコは、そこにいた人たちに、立ち去るように指示しました。そしてファルコはエンキドゥをテリトリー内の上の方にある、儀式を行うサークルへ連れて行きました。そのサークルに到着すると、ファルコもエンキドゥも突然消えてしまいました。

後日、ファルコにそのあと何をしたのか聞きましたが、「プライベートなことなので内緒」と言われました。

夢の中で見た惑星

ボア・ベルガモットは私たちの友人で、エンキドゥと3回直接コンタクトがありました。ボアはエンキドゥに対して本能的に大変な恐怖心を持っていました。

明確な理由はないけれど、嫌いな動物に対するような嫌悪感だったと言います。けれど、ファルコはボアに「この時期、エンキドゥを呼び寄せるために、特別なエネルギーのバルブ（弁）の役割を持っているのがあなたです。あなたでなければだめなのです」と言いました。

ある日、バイタの神殿で、ボアは女性だけのグループで仕事をしていました。その時も、ファルコは彼女たちを呼び寄せて、1人ずつエンキドゥに紹介し「絶対に彼の目を凝視してはいけません」とだけ注意しました。

彼女も、エンキドゥが一人一人に挨拶する姿に、威厳や畏怖の念を感じたと言っています。遠く離れた心の深いところからエンキドゥと感情的なつながりがあるような、不思議な感覚や感情を感じたそうです。彼女自身、その不思議な感覚についての説明はできませんでした。

その夜、ボアたちはグループでバイタの神殿の中で眠りました。その夜の夢は鮮やかで、今でもはっきり覚えています。夢の中で、ある惑星を見ていました。それは私たちの銀河から遠く離れた星で、そこの住人たちは、何かを語ったりコミュニケーションしたりするときに、音楽やメロディを言葉のように使っていました。

彼らが表現していた音は、一度も聞いたことがなかったのですが、優しくて、懐かしい音でした。それを聞いていると、自分が大きな海や子宮の中で浮かんでいる子供のように感じました。それ以外に適切な表現が思いつかないほど、その音はとても強烈で、素晴らしいものでした。

大切なマジックな旅

その頃ボアはファルコと共に、グループで出かけるマジックな旅を頻繁にしていました。その日に行った場所の名前は忘れてしまいましたが、海の近くでした。

ファルコは皆に「エンキドゥを呼ばなければいけないので、皆さん来てください」と言いました。そして、ボアには、「エンキドゥを呼ぶために、海の近くに建てたテントの中に1人で行ってください」と言いました。

ボアはテントの近くまで行ったのですが、怖くて仕方がありませんでした。恐ろしくて、どうしてもテントに入れず、引き返して、皆がいる大きなキャンピングカーまで走って逃げ戻りました。いわれのない恐怖心から、ボアは慌てふためいて、キャンピングカーのドアのノブが壊れそうなほど引っ張り、ファルコに「怖すぎてできない―」と叫びました。

ファルコは、急いでキャンピングカーの外に出てきました。その日は、3台のキャンピングカーで来ていましたが、皆に向かって、「すぐに車の中に入りなさい。そうでないと大変なことになる！」と言いました。ボアも自分のキャンピングカーまで走って逃げこみました。どのキャンピングカーも古いもので、鍵もきちんと締まりませんでした。

夜は更け、とても暗くなりました。ボアは、キャンピングカーの中でなんとか寝ようとしたけれど、怖くてなかなか眠れませんでした。しばらくすると、外にエンキドゥが現れました。

その時のエンキドゥはいつもより大きく、大木のように見えました。それは、怖かったせいもあるでしょう。エンキドゥはキャンピングカーの中をのぞいていました。ボアは必死で、毛布の下に隠れました。エンキドゥはあまりにも大きかったので、キャンピングカーの中には入れませんでした。

そして、朝がやってきました。皆が車の外に出ようとすると、それぞれのキャンピングカーの入り口に大きな石が積み重なっていて、扉を開けることができなくなっていました。エンキドゥが石を積み上げて、扉を塞いだようでした。

この一連の出来事に、ファルコは怒っていました。「これは残念な出来事だ。起こるべきことではないことが起こりました。すぐにこの場所から旅立ち、別の場所に移動して、エンキドゥと会わないようにする必要がある」と。

なぜなら、その状態でエンキドゥと会うのは危険なことでした。エンキドゥが地球で物質化するとき、エネルギーのバルブの役割をボアが果たして、彼をお迎えする予定でした。

ボアがバルブとして落ち着き、穏やかな気持ちでやるべきことをして、適したエネルギーでエンキドゥを呼び寄せて物質化させればよかったのですが、彼女があまりにも恐怖におびえて自己コントロールができず、怖《おそ》れのエネルギーを拡大させてしまいました。

しかも、そのエネルギーの質は否定的で危険な状態でした。そのため、エンキドゥは身体の大きさも規格外で感情のコントロールができない状態になってしまいました。呼び出すためにはエネルギーの質と自覚のある自己コントロールが重要だったのです。

ボアは、それ以降、マジックな旅には連れて行ってもらえませんでした。ボアの次に適切な人がバルブになりました。適切な特性があっても、自分の感情をコントロールできなければそれを活かすことができません。

マジックな旅は大切な体験で、日常では考えられないことを体験します。その体験に本人がワクワクし魅了されることが重要です。本人が怖れや逃げたいという気持ちに翻弄されるようでは、準備ができていないということです。

それまでファルコはボアをマジックな旅によく連れて行っていましたが、皆にとって危険なシンクロを呼び寄せる可能性があるとわかったので、それ以降はボアはマジックな旅に参加できなくなってしまいました。

夢を見る祈りの神殿

ダマヌールには祈りの神殿があり、その機能の1つとして、夢を見るための機能があります。特別な役割を持っている人は祈りの神殿の中で眠り、夢をキャッチします。

特別な夢をキャッチするため、明確な夢を見て、はっきりと覚えているためのエクササイズをして、必要な準備をしてから眠ります。

ある晩、ボアともう1人が、その仕事をすることになりました。祈りの神殿に寝袋を持ち込み、2人は1mくらい空けて、横たわって眠りました。

明け方、誰かが自分の背中を押していると感じてボアは目を覚ましました。「どうしてこんなにくっつくの？　もう少し離れてくれないかな」と思いながら寝返りを打つと、そこにいたのはエンキドゥでした。

エンキドゥは2人の間にちょうど横たわる姿勢で眠っていました。ボアは驚いて飛び上がり、その部屋から悲鳴を上げて必死で逃げました。もう1人の人がどうなったかは知らないそうです（死んではいません）。

クリスタルの入った箱

初期のメンバーのエレファンティーナ・ゼンチアナはバイタの神殿で神託を受ける仕事をしていて、聖なる森に住んでいたこともあり、数回にわたってエンキドゥと直接関わることがありました。

現在の植物の神殿と呼ばれる聖なる森の近くにある、ティンというコミュニティに彼女が住んでいた時の話です。

ある日の夕暮れに、彼女は歯の具合が悪かったので、ヒーリングのためにディアマンテルという名のサーキット（螺旋の回路）を歩きに行きました。そして、中心の木まで行き、その木に背中をつけて目を閉じてしばらく座っていました。

その時に風はほとんど吹いていませんでしたが、突然、遠くで犬たちの吠える声が聞こえ始め、ひゅっと強い風が吹いた音がしました。目を開けて周りを見ると、そのサーキットの入り口の方に、黒い影があり

ダマヌールのサーキット（螺旋の回路）

ました。

よく見るとエンキドゥでした。彼女はマジックな旅やバイタの神殿でエンキドゥと出会ったことがあったので、驚きと友人に久々に会えた嬉しさと喜びで胸が高鳴りました。

「エンキドゥ、あなたなの？ 会えて嬉しいわ」とテレパシーで思いを送りました。しかし、エンキドゥのそばに行くためには、サーキットを出なければなりません。どうしようかと思っていたら、彼が「落ち着いて最後まで歩いてきてください」とテレパシーで伝えてきました。

彼女はエンキドゥが言うとおりに、サーキットの中心から出口まで落ち着いて歩いていき、エンキドゥと向かい合いました。

すると、彼はクリスタルの入った箱を差し出しました。そしてテレパシーで彼女にわかる言葉で、「これをファルコに渡してください。彼が待っているから、必ず届けてください」と伝えて、合掌してお辞儀をして、消えました。彼女は驚いて興奮しました。

そして、家（ティン）に戻り、この出来事を忘れないように、今起こった喜びと驚きの久々のエンキドゥとの出会いについて、家にいた人に語っていました。

その途中で電話が鳴りました。ファルコからでした。「エンキドゥから渡されたクリスタルはいつになったら届けてくれるの？　それを待っているのだけど」と言われて驚き、急いで車に乗って、ファルコに届けるために出かけました。

その途中の道で、もう1人の同じコミュニティの住人に会ったので、その人にもついさっきエンキドゥがやってきて、ファルコに届ける必要のあるクリスタルを渡されたから、届けに行く途中なんだと説明をしていると、また電話が鳴りました。

またファルコからの電話でした。「どこで油を売っているの？　もうクリスタルが届いてもいい時間なのに！」と再び催促されたため、急いでファルコが待っている場所に車を走らせたのでした。

他にもこのような体験をした人がダマヌールには何人かいます。

その頃、ファルコが秘教学的な知識の本を書きました。その題名は『ゴリラゴリラ』で、黒表紙で、ダマヌールのメディテーション学校のテキストでもあります。そこにエンキドゥのことが書かれています。その本にはギルガメッシュというシュメールの王の話があり、エンキドゥはその王の友人でもありました。

その『ゴリラゴリラ』の中で、最初の方に「今この文を読んでいるあなたに質問します」というフレーズがあります。

「エンキドゥのことを読んだとき、あなたは信じましたか？ それとも信じられませんでしたか？ それを信じられた人は一歩先に進みました。その瞬間に生きたということです。信じることができず、ただの伝説だという人は、その瞬間に生きることができなかったのです。

その瞬間、ファンタジーの力を使うことができなければ、一歩後ろに下がる状態です。あまりにも頭が固いと、瞬間に生きることができずにチャンスを失ってしまいます。

私たち人間は、すばらしいファンタジーの力を持っているのに、使わず無駄にして立ち止まっています。宇宙は先に進んでいるのに」とファルコは言っていました。この本の中には、その他にも信じられないようなすばらしいことがたくさん書かれています。

ギルガメッシュからのプレゼント

もう1つの体験はエンキドゥとの直接のものではないのですが、エンキドゥと関連する話です。私たちがファルコの家に住むようになってから数年がたった、ある日の夜のことでした。いつものようにアヴァールの住人の皆がファルコの帰宅を待ち、共に夕食のテーブルにつこうとしていました。

その時にファルコが「いいものを見せるからみんなおいで」と言いました。そのいいものとは、箱の中のいくつかの指輪でした。その1つは、ローマ時代の軍の隊長がはめていたもので、細かい彫金がされていました。その人は、素晴らしいスピリットと倫理観を持った人だったそうです。

他の指輪も、拡大鏡をもってきて見せてくれました。とても細かい彫金で、人間や動物の姿が刻まれたもので、その緻密で繊細な技術にとても驚きました。

もう1つ、直径10㎝くらいの大きな赤茶色の石がありました。それは、ブローチのようなもので、2匹の犬が向かい合って刻まれていました。「これは思い出の品で、私の友人のギルガメッシュからプレゼントされたものです。ギルガメッシュが存在していたのは8千年前。私は2万年以上前から、この地球を担当して、さまざまな時のポイントに生まれ変わっているので、ギルガメッシュと一緒にいた時期があっても不思議ではないでしょ」と言いながら見せてくれました。

この赤茶色の石は、ギルガメッシュのシンボルとして使われていたそうです。そのあと、食事をしながら、エンキドゥやギルガメッシュに関する話に花を咲かせました。

その時期、ファルコはタイムトラベルでギルガメッシュに会いに行きました。自分が過去生などで存在した時代には、その時代のフリークエンス（波長）が自分の内面にあり、タイムトラベルが可能なのです。現代からタイムトラベルをしてギルガメッシュに再会し、そこで必要なことをして、その大きな石の宝石をもらったのです。ファルコは、ギルガメッシュ時代のエンキドゥとも一緒にいて、それよりも前から知り合いだったということです。

これまでお話ししたのは、ダマヌールでの直接的なエイリアンとの交流です。ここで語られた話以外にも、ダマヌールではたくさんの人がエンキドゥと接しており、多くのエピソードがあります。

エンキドゥが現れるのもカーテンからだけではなくて、リビングの皆が座るソファーの下から、テレビを見ているときに突然ヒュッと出てきたこともあります。

当時アヴァールの2階に住んでいた人は、いつエンキドゥが現れるかわからないので、察知するための感覚を常に広げていました。それは嗅覚です。エンキドゥの獣の臭いがするかどうかで、存在を察知していました。毛がたくさん生えている体から獣の臭いがしたのですね。

Q　エンキドゥのことはいつ頃の話ですか？

A　1980年代。1983年からゲームオブライフが始まり、マジックな旅に行き始めたので、その頃からです。ファルコが亡くなってからは、コンタクトは途絶えています。ファルコが亡くなってから、「やれやれ、もうエンキドゥが突然来ることはない」と安心したのを覚えています。

ファルコが存命中の2000年代の初期の頃までは、マジックな旅に行った先で、時々エンキドゥが来たこともあるそうです。私がファルコの隣に座って食事をしているときに「いいものを見せてあげる」といって、携帯の写真を見せてくれたことがありました。そこには、エンキドゥが、地球に呼ばれて、少しずつ物質化する様子が連続で撮影されていました。足元から徐々に形が現れて、全身が物質化した後の、ニッと笑った写真でした。そのときのエンキドゥの写真は、穏やかそうで威厳のある姿でした。

Q エンキドゥは自分の星では、この肉体の形ではないのですか?

A 違う形です。地球に適した形に置き換えるならこのゴリラのような形なのです。ノーエと地球は環境が異なるので、地球上でエンキドゥが適応できる一番よい形がゴリラのような形でした。私たちの肉体も、宇宙の起源的な8つの法則がある配列を成して物質化されるのですから、同様の宇宙の起源的なエネルギーで成り立っています。

地球に生存できる形に変換して、起源的な法則のエネルギーで再構成するのです。環境の違う星から瞬間移動する場合、体をエネルギーレベルに変換して、行き先で適切な形に再構成される必要があるのです。だからゴリラに似ているけれど、エンキドゥはゴリラとは少し違います。

ファルコとエンキドゥは聖なる言語をすらすら書いてコミュニケーションしていました。けれど、多くのコミュニケーションはテレパシーを使って行われました。そのことからも、エンキドゥは私たちよりも精神的に進化している存在だと言えるでしょう。

Q 姿の現し方に、いろいろな方法があるのですが、それはその時々で方法が異なるのですか？

A はい、そうです。もともとの体を分解して情報に変換して、エネルギーとして情報を行き先に送って、それらのエネルギーの情報を使って、行き先で適切な身体を再構成します。つまり、オリジナルな場所とは異なった環境条件下が行き先の場合、適切な形に再構成する際に、バリエーションをもたらすために不可欠なエネルギーが生じます。

そういった微妙なエネルギーは、シンクロニックラインから得られ、ダマヌールではそれら宇宙のさまざまなサトルエネルギーを魔法のテクノロジーで精製して備蓄しています。

他のプロジェクトに使っているエネルギーや備蓄のエネルギーの状況により、その時々で可能なよりよい方法を選択しています。エンキドゥが自分でやってくるのではなく、必要があってこちらから呼んで物質化します。

もちろんエンキドゥがクリスタルを持ってきたときのように、自分で姿を現すこともできます。あの場所は聖なる森であり、地球の主要なシンクロニックラインが4本も交差する扉にあたる、地球でも稀なポイントであり、人類の神殿の一部という特別な場所でもあります。

おそらくエンキドゥはシンクロニックラインを通ってきたのだと思います。アヴァールのファルコの研究室も、シンクロニックラインを延長した特別なエネルギーの場所なので、現れることが可能だったのです。

そこも神殿の機能、つまり宇宙の神聖でパワフルで微妙なエネルギーを受け入れ、保管できる場所であるからこそ可能なのです。

ダマヌールにはいくつかの神殿がありますが、それぞれに機能が異なり、扱うエネルギーの種類や質も異なっています。それぞれの神殿が、どのようなエネルギーを備蓄して、何をどのように使うかという、違いがあります。エンキドゥがこちらに来るときは、ファルコが彼の助けを必要とする時に呼ばれてきていたのです。

Q　エンキドゥ以外の賢さを持った地球外生命体との交流もあるのですか？

A　もちろんです。地球の主要なシンクロニックラインの4本が交差するダマヌールの人類の神殿は、シンクロニックラインにアクセスするための扉の機能があります。その扉が宇宙に向けて開かれる自然の周期が、夏至、冬至、春分の日、秋分の日という時期です。その時には、人類の神殿の中にある魔法の球体を使って、はるか離れた宇宙のある場所にある星々とコンタクトすることも可能です。

こういった体験を提供するコースは、「コスミックコンタクト」という名で、世界中のダマヌールを訪問するゲストにも提供されています。実際、そのコースに参加した人たちは、魔法の球体を通じて、異なった星の文明の様子を見たり、異なった星の生命体の様子を垣間見ることができる人たちもいます。

宇宙の存在意識

多種多様性が宇宙の創造

私たちの宇宙の特徴は、多種多様の命の形が存在するというものです。それゆえ、永遠の数の星々が存在し、さまざまな大きさの銀河が多数存在しますが、それぞれが唯一無二のもので、異なった特徴があることがわかっています。

水、空気、火、土という自然の基本的要素から育まれる素地に加えて、太陽からの影響による温度や、宇宙の命の形が存在する密度の関連から生まれてくる「重力」（現代物理学の重力の定義とは異なる）という影響によって、それぞれの星でどのような命の形がエコシステム（生態系）の中で進化して生まれてくるのかが異なるのです。

そして、それぞれの命の形に備わった感覚の発達の仕方が異なり、その違いによって体験や、体験から発展する考え方が異なり、その延長上で異なった文明が形成されていくわけです。

ですから、こういった文明すべては、この宇宙の豊かさだといえます。けれど、それぞれの星の命の形が、どのような精神的な進化を遂げているかというレベルも異なっています。高度な精神的な進化を遂げたレベルと進化の途上にあるレベルとでは、天と地ほどの違いがあります。

それは、現在の地球上にさまざまな人間たちの文化や知識のレベルが共存していることに置き換えて考えてみると、想像しやすいかもしれませんね。

例えば、宇宙ステーションに行って、地球外の星々の観測や研究を行うレベルの人々がいるのと同時に、未開の奥地で自然の中で暮らす人々がいる。どちらが良いかではなく、どのような体験からどのような方向性で何を発展させているのか？ という違いがあり、それぞれの環境の中でしかできない体験から見出《みいだ》される意義があると考えます。

それら全てが異なった命の形が生み出す精神的な豊かさなのです。こういったことは、宇宙全体において言えることなのです。

地球上にかつて存在したと言われる、レムリア、ムー、アトランティスという偉大な古代文明について、いろいろな研究者がそれぞれの見解を述べています。そして、残念なことにこういった古代文明のことを語る人の中には、どの文明がより良い文明で、どれが良くなかったか？　という見解を持っている人がいて、自分の支持する文明のことを正当化する持論を主張するのです。そういうことを耳にすると、私たちダマヌールの知識の探究者は、大変残念な思いを持ちます。

私たちの宇宙の創造自体が「多種多様」という特徴を持つという前提からして、それぞれの違いに必ず存在に関わる意義があるはずなのです。良い、悪い、好き、嫌いという異なった評価は、あくまでもある物とある物を比較対照することから生まれることであり、比較しようとする対象を見る人の視点や興味や傾向から、異なった評価が生じるわけです。

ある特徴を持った存在だけを観察しようとする時には、そういった良し悪しという評価自体はなく、あるのはその対象自体の特徴や特性だけなのです。

そして、特徴や特性という個々の違いこそがこの宇宙の存在の意義に通じることなのです。それゆえ、比較することから生まれる二元的な価値観という物差しをあらゆるものに適用させること自体、宇宙の存在意義に歪みを生み出すことでしかないということに気づかずにいるわけです。

それは、人生で起こる出来事自体に最初から良い悪いという評価が付随しているのではなく、あくまでもその出来事を体験する人の物差しや解釈によって、一つの出来事からもたらされる意義がどのようにでも変わるということと同様だと思います。

エイリアンとの共生体験

ダマヌールの知識の道では、精神性や精神的な進化ということをどのように定義するか？　それは「あること、あるものに新たな意義を見出すこと」だと考えます。

宇宙の進化の方向性は、ラテン語のUNIVERSO（宇宙）という言葉自体が表現しているように、究極の一に向かっていくという意味の言葉です。究極の一の中に、大きなすべての数が含まれるという宇宙の原理を前提に、価値観を見直すことが不可欠です。

宇宙における精神的な進化は、宇宙すべての意識に至るということだと言われます。それは、究極の一の中に含まれる多種多様の異なった無数の個々の部分の明確な違いを1つに統合することだという結論に至ります。

そういう前提で、かつての精神的な黄金時代には、人間の魂を宿す宇宙のさまざまな星の異なった種の間で、異なった形の肉体を交換して、各魂が異なった命の形から生まれる異なった価値観や考え方を深く理解するという交流が広く行われていたのです。

宇宙における精神的な進化のレベルの指標からすると、地球の人類はまだ発展途上というレベルにあります。

まずは、地球という生命体と共生している人類が、そのことに気付いて、多様性を失わずに持続可能な地球を取り戻す必要があります。

それが可能になってこそ、宇宙に広がっていけるレベルの人類に進化を遂げたと、宇宙の進化を見守る議会から認められるわけです。それが実現した時には、宇宙のさまざまな進化を遂げたエイリアンたちと交流を持つことが必要になります。

その時の準備として、必要不可欠なプロセスを徐々に実現していくためにも、進化を遂げたさまざまなエイリアンとの交流や協同を徐々に進めているわけです。

Q そういったエイリアンたちは、エンキドゥと同様に自分の星で肉体を分解してエネルギーレベルにして、地球に来た時に肉体を再構成するというやり方でダマヌールにやってきているのですか？

A ファルコがいた時には、「人類の神殿をお掃除のために閉鎖する」というアナウンスが突然されて、人類の神殿が数日間閉鎖されるということが時々ありました。

そういう時には、エンキドゥと同様の方法で、異なった星々からエイリアンたちがやって来ていたのではないかと考えられます。ファルコ以外のダマヌールの住人が直接その時に立ち会ったわけではありませんが、人類の神殿に直結したコミュニティ・ポルタ・デラ・ソーレに住んでいる人たちは、閉鎖された神殿の中からとても不思議な音や大きな不思議な声が聞こえてきたということを話していたからです。

それとは別に、ファルコは私たちダマヌールの住人たちに、２０００年頃から失われた内面的な感覚につながった、微妙なエネルギーの臓器と呼ばれるアンテナのような機能のいくつかを徐々に再生していくためのコースを提供し始めました。そして、その数年後から、宇宙の進化を遂げた星々から地球での体験を希望するエイリアンを募って、シンクロニックラインを使ってアストラル体でかれらを地球に呼び寄せて、私たちダマヌールの住人の中でこのプロジェクトに参加を希望する人の身体の中に共生する体験を提供し始めました。

その基本的な方法は、個人の肉体の中に、シンクロニックラインを通じて、あるエイリアンを地球に呼び寄せて、その日から約一ヶ月間にわたって私たちの肉体に下宿するように共生することを体験させます。そのプロジェクトは、15年を経た今も継続中です。

Q 15年間継続しているエイリアンを自分の体の中に宿して共生する体験で、実際にどのような体験を得たのかを教えていただけませんか？

A では、私（ジュゴン）の体験について語りましょう。

私は、ファルコがエイリアンを宿す共生体験を提供し始めた最初から今に至るまで、このプロジェクトに継続して参加しています。毎月、エイリアンを宿している間に気づいたことや実際に起こったことについて、レポートを提出しなくてはなりません。

毎月、自分の中に宿らせるエイリアンがどのような存在なのかを知っているのはファルコのみで、どの星から呼び寄せるかの暗号コードの知識を持って調整するのもファルコのみでした。

ファルコは、亡くなった後にも私たち住人がこの研究を継続できるように、細かい指示や必要な情報を担当責任者に残しました。ですから、今もこの研究のプロジェクトが継続しているわけです。

最初の2回は、3人か4人の住人が、1人のエイリアンの意識を共有するように宿らせる体験から始まりました。それは、進化したエイリアンの意識を自分と共生させながらも、エイリアンの欲求や考えにひきずられて、自己コントロールを失わないための準備的な訓練の段階でした。そして、次の段階では2人で1人のエイリアンを共有して宿らせる体験を2～3ヶ月ほど体験したのち、一個人がさまざまな星のエイリアンを一ヶ月間宿らせるという段階へと変わっていきました。

最初の頃の体験としては、エイリアンを私の体に迎え入れると、エネルギーが増えたかのように肉体がシャン！　とする感じで、予定の滞在を終えて、エイリアンが私の体からいなくなると、風船が萎むかのように、エネルギーが少なくなったと感じました。

また、五感の感覚が普段とは違うことで、その時のエイリアンがどのような感覚がより発達した種なのか？　を推測することができました。

例えば、初期の頃に共生したエイリアンの中で、暗闇の中での視覚が特に冴えているエイリアンの体験がありました。私の住んでいたアヴァールから、ダマヌールの中心のコミュニティがある地域まで、通常は車で15分ほどかかります。夜になると、街灯が少ない葡萄畑や牛の放牧されている牧草地やトウモロコシ畑の中の暗い道を通るため、普段はゆっくりと運転します。

ところが、そのエイリアンと共生した期間は、暗い夜道でも視覚が冴え、スピードを上げると普通は視野が狭くなったように感じるものなのですが、その時は暗い夜道でスピードを上げても視野はどんどん広くなるように感じて、いくらでも車のスピードを上げて走ることができました。

まるで、F1ドライバーになったみたいだ！　と興奮したことを覚えています。そして、そのエイリアンとの共生の体験が終わってしまったら、視覚はいつもの私の感覚に戻りました。

また、別のエイリアンと共生した一ヶ月間は、ほとんど毎晩鮮明な夢を見て、目覚めた時にも夢の記憶がはっきり残りました。けれどその期間の私の夢の中での体験は、いつも逆さの状態でした。つまり、頭が下で足が上の状態であちこちを移動したり対話をしたり、行動していたのです。

その時に、私が共生していたエイリアンは、きっと木のような植物のある種だったのではなかったのか？　という仮説が浮かびました。なぜなら、木々の頭脳にあたる部分は、地中に張っている根っこの部分だからです。

エイリアンと共生する体験が10回目を過ぎた頃に、ファルコがある体験のレベル以降には、「宇宙的なヒーラー」と呼ぶべきエイリアンと共生する可能性があると語りました。

ファルコの話だと、宇宙的ヒーラーと言えるエイリアンは、その人と共生している期間に、地球での見聞を広げることを楽しむ以外に、共生しているその人のダメージやトラウマによって、うまく機能していない回路を修正したり、具合の良くないところを修理することを並行して行うということでした。

けれど、私はあまり多くの期待を持たずに話を聞いていました。

ところが、私に奇跡のようなことが起こりました。それは、私は自動車の追突事故の後遺症やスキーの頸椎捻挫の後遺症から、20代後半から20年近く、ひどい頭痛に悩まされ続けていました。毎日のように鎮痛薬を服用せずにはいられず、「製薬会社の奴隷のように、鎮痛剤の依存症になった！」という状態でした。

事実、専門医の診察を受け、精密検査をしましたが、医師の結論は、もともと頸椎が華奢な骨格だったのに、数回の追突事故に遭ったことで、俗に言うひどい鞭打ち症のダメージがトラウマのように残ってしまっているとのことでした。頸椎の神経圧迫を引き起こさないために、かつて大好きだったスキーを禁じられ、頸椎周囲の筋肉の強化が期待できる水泳とエアロビクス以外のスポーツは避けるように指示されました。そして、頭痛がひどい時には鎮痛薬を服用するしかないということでした。

ところが、エイリアンとの共生の体験を進めていたある日を境に、突然頭痛がなくなったことに気づきました。それと同時に、それまでは飲むと胃が痛くなって、泌尿器系の刺激が強すぎるために飲まないでいたコーヒーを異様に飲みたくなりました。朝にエスプレッソコーヒーを1日1杯だけですが、コーヒーの香りに惹かれて飲むようになりました。その代わりに、毎日悩まされていた頭痛が全くなくなり、鎮痛剤の必要がなくなるという奇跡が起きました。

きっとファルコが数ヶ月前に話した、「宇宙的なヒーラー」というエイリアンが私と共生している間に、ダメージがあった回路を修復してくれたのだと感じ、感謝をしました。

その後15年以上経過した現在でも、以前のような頭痛に悩まされて鎮痛剤が必要になることはほとんどありません。

その代わりに、朝の1杯だけのコーヒーは欠かさず飲む必要があります。

また、ある冬の時期に共生したエイリアンの体験も興味深かったです。

ある日、私が友人たちと一緒にイタリアンレストランに食事をしにいった時に、友人の1人が食後酒にグラッパ（ワインから造られる蒸留酒）を飲んでいるのを見て、「あっ！　なんておいしそうなんだ！」という強い想いが頭の中に現れました。

グラッパは40度以上のアルコール度の強いお酒なので、私はほとんど飲むことはありませんでした。ところが突然透明なグラッパがグラスに注がれた様子に惹かれ、飲みたくて飲みたくて仕方がなくなったのです。

そして、グラッパを口にしたときに鼻に抜ける強いアルコールの感じと、舌に広がるジュワーとくる感覚がたまらなく魅力的だったのです。その日から、昼でも夜でもグラッパに惹かれる感覚が続き、バールに昼食前の食前酒の時間に行っても、「グラッパください」と言ってしまい、ウェイターさんから、「グラッパって何かわかって注文してる？　食前にグラッパを飲んでも平気なの？」と心配されることもありました。

不思議なことにグラッパのように強いお酒を飲んでも、その時の私は、全く酔っ払ったような状態にはなりませんでした。このグラッパに異様に惹かれる日々の現象も、このエイリアンが私の中から去った時に消えました。

このエイリアンが、私に自分の欲求を伝える時に使った感覚は、目覚めている時に突然夢で見るようなビジュアルなイメージを送ったり、ワクワクする感情を送るやり方でした。

それまでは、「人間は目覚めている間も夢の次元とつながっていて、夢の感覚を使って夢を見ることができる」とファルコが語った言葉について、実感は持てませんでしたが、このエイリアンが私にもたらした体験により、そのことが理解できました。

また、5年ほど前から共生の体験を何度も繰り返している、私とつながりの深いあるエイリアンについての体験です。

このエイリアンのもともとの星は、ガスでできていて、彼らの肉体は、色とりどりに輝くガスのような密度の希薄なエネルギーでできています。ですから、その星であるために植物の分布はなく、けれど彼らは植物の樹液や香りで滋養を得る必要があるために地球にやってきている種だったのです。

そして、植物から滋養を得る代わりに、犬笛の音のような超高音の波動を口笛のように発することで、植物たちの成長を促進することができるのです。

最初にこのエイリアンが私とコミュニケーションするために使ったのは「嗅覚」だ

と気づきました。実は、私は香水が大好きで、小学校に入学する前から、香水を愛用していましたし、大人になってからも常に愛用しています。

ところが、このエイリアンが私と共生するようになったのちは、香水を振りかけても、その香りがあっという間に消えるという不思議な現象に気がつきました。そして、次に起こったのは、突然酔っ払いが自分の目の前で嘔吐したかのような悪臭が臭う出来事でした。その時は、どこかに吐物があるのか周りを見回しましたが、どこにもそれらしきものはないので、そばにいた人たちに「悪臭がしない？　私は臭い？」と聞き回りましたが、誰も私が感じていたような悪臭を感じている人はいませんでした。

そして、私の脳裏に「エイリアンが注意を引いてコミュニケーションしようとしているのかな？」という考えが浮かびました。そして私と共生しているエイリアンに注意を向けると、その悪臭は消え去りました。最初の頃は、ひどい悪臭で私に注意を向けさせようとすることが多かったのですが、共生している時間が長くなるにつれて、私の好きな香りで注意を引くことも起こりました。

それは、暖炉で薪が燃える時に香る樹木の香りと香ばしい香りが入り混じったような、心地よい香りを発して、私に呼びかけるというようなことでした。その香りに初めて気づいたとき、私はエアコンしかない部屋で、突然どこからか暖炉で薪が燃えるような良い香りがしてくるなんてあり得ないので、瞬間的にどこかで火がついて火事になる前触れか？　と慌てて火種があるところを探し回ってしまいました。

その時に私の中でエイリアンが面白がって笑っているような感じがしました。「あなたなの？」と思いを送ると、楽しそうな気分でいるのを感じました。

私は共生しているエイリアンが悪臭を送って私の注意を引くものだと思い込んでいたため、私の好きな心地よい香りを送って、コミュニケーションをすることもあるということは予期していませんでした。それは、彼が良い香りを送ることもできることを知らせてくれた瞬間でした。

このエイリアンにはあまり得意でない香りがあります。それは、お肉や魚が焼ける香りや火を使って料理をしている時の食べ物の匂いです。

彼らは基本的に生きた植物の樹液から滋養を得るため、私たち地球の人間がなぜ火を使って植物を料理したり味付けをしたりする必要があるのかが理解できないのです。

実は、このエイリアンたちは、精神的な進化をするために、さまざまな異なった命のフリークエンスを必要とするので、ある時から水の中の植物、つまり海苔や海藻などから滋養を得ることも貴重なことだと気がつきました。そして、彼らにとって海藻や海苔は貴重な滋養源となったのです。

ある時期、私はなぜだか巻き寿司を頻繁に食べたくなりました。家で食べるものは、ほとんどは無添加でオーガニックなものを選ぶのが我が家の習慣でしたし、海苔や海藻は特に質の良いものを普段から選んで食べています。

ところが、たまたまスーパーに買い物に行った時に、売り場で巻き寿司を見つけて、なぜだか買いたい衝動に駆られました。スーパーでお寿司を購入することなど、ほとんどないのです。けれど、その時は衝動的に巻寿司を購入してしまい、帰宅して直ぐにそれを口にしました。「ゲーッ！　まずーい！」と言う叫び声のような感覚が私の中で感じられました。そして、スーパーで巻き寿司を買いたくなっていたのは、エイリアンの欲求だったのだということに気づきました。

エイリアンにとって、それは期待外れの味であったために「まずーい！」と叫びをあげたのです。そこで、良い質の海苔巻きと海藻を改めて準備して食べるようにしました。すると、エイリアンの気持ちが落ち着いたようでした。

また、このエイリアンたちは、夢の感覚を使ってコミュニケーションをとることもあります。ある夜、私は夢の中でこのエイリアンからの辛口のメッセージを受け取りました。

けれども、あまり嬉しいメッセージではなかったために、目が覚めた時に何かを伝えられたことは覚えていたものの、その詳細は思いだせずにいました。

私はとりあえず、庭の花に水やりをしたり手入れをするために、家の庭に出ました。そうすると、昨日は3つほどしか蕾《つぼみ》がついていなかった薔薇の木に、20輪の薔薇の花が一斉に咲いていることに驚きました。その瞬間に、夢の中で伝えられた詳細を思い出しました。

その内容は、「あなたのように、私たちにとって大切な多種多様の植物を命の存在という尊厳を持って、大切に育てたり、植物に必要なことを感じ取れるように注意を向ける人は稀で、多くの人たちはお花をきれいなもの、野菜は食べるものとしか見なしていない。植物を物的な扱いをする人がほとんどです。

だから、単一的な植物や花しか育てない人が多く、多様性が失われていっています。木々や花だって、意識も賢さもある命の存在なのに、尊厳のない物的な扱いで破壊することさえためらわない。

こういう傾向は、多種多様な植物から滋養を得て、それによって精神的な進化を遂げようとする私たちにとっては、危機的な状況なのです。

だから、地球の多くの人間たちに、多種多様な命の存在たちが共存して地球全体の調和を取り戻すことの大切さや、植物や木々も声をあげて叫ばないけれど、意識や感情のある命の存在なのだということを教えて、人々の意識が変わるためのサポートをしていくことは、あなたのような人たちの大切な課題です」ということでした。

その後に、私が共生しているエイリアンは、1体でありながら3つの頭を持つ存在、つまり3人で1人という存在だということが判明しました。ですから、そのエネルギーはとてもパワフルで異なった色のような多様性が感じられるものだったのです。

15年以上にわたるエイリアンと共生をする体験を通じて、私が深く理解できたことがあります。それは、異なった星々のエイリアンの発達は、それらの異なった環境の条件に適応して生まれてくるし、それは多種多様という特徴の物質的な宇宙の中でこそ生まれる異なった賢さや豊かさなのだということです。

そういった違いを、良い悪いという限定的な物差しで評価することは、違いに関する精神的な豊かさに気づかず、違いに対して恐れや分離を生み出すことにつながります。私たちがこの宇宙の中で、進化するために必要なのは、違いを認めて、理解して、受け入れて、称賛して融合していくことです。

宇宙は素晴らしいファンタジーの世界

この宇宙を創造した神は、私たちの想像力を最大限に使っても、足元にも及ばないほどファンタジーに富んだアイデアを駆使して、この宇宙にさまざまな命の形を創造しました。ですから、この宇宙は、本当に素晴らしいファンタジーの世界だということが言えます。

宇宙の中には、素晴らしいテクノロジーを駆使して、想像を超える偉大な宇宙船を実現した星もあります。けれど、それらは真に洗練された方法とは言えません。より洗練された広い宇宙での交流の方法は、高度なアストラルトラベルの技術を駆使して、シンクロニックラインを使って、アストラル体で異なった星に行き、その星の住人の体の中に宿ってその星での体験をすることです。

その方法こそが、一番問題が少なくて危険のない方法だと言えます。もし、宇宙船を利用して、途方もないほど異なった肉体を持つ住人たちの住む星に行くとなると、肉体に付着しているさまざまな微生物やウイルスを一緒に持ち込むことにもなるのです。

そうすると、現在の地球で起こっているCOVID-19（新型コロナ）という、未知のウイルスがその星全体で大きな問題を引き起こしたのと同様の弊害がもたらされる可能性が高いのです。だからこそ、エンキドゥのときも、もともとの身体をエネルギーレベルに非物質化して、情報をエネルギーレベルで行き先の星におくって、その行き先の環境に適した体を物質化して、そこに意識が宿って必要な体験を行うというやり方は、高度な賢さを持っている存在たちが良識を持って使っている方法だと言えます。

あなたも、ファンタジーの力を振り絞って、瞬間に生きながら宇宙の進化に寄り添ってみませんか？　私は、たとえ自分のことを「馬鹿だ！　狂っている！」と言う人がいても、宇宙の神秘や未知なる宇宙の真理に魅了され、驚きを持って生きられる方が、自由で素晴らしい人生を実現できると確信しています。

私たちは、広くてファンタジーがいっぱいの宇宙に存在していて、宇宙の広がりを感じられる自由な存在であり、幸せを感じるために生きているのです。

あなたも瞬間に生きて、素晴らしい宇宙を感じて幸せを発見してみませんか？

著者

フェニーチェ・フェルチェ（Fenice Felce）

ナチュラルセラピー・ホリスティック健康科学博士。スピリチュアルヒーラー。ダマヌールの創立メンバーの1人。死に関する準備教育の第一人者でもあり、かつてローマで開催された「死に関する国際シンポジウム」では、ダライ・ラマ法王と共にパネラーを務めた。秘教的物理学・ダウジング・インナーハーモニゼーション・セルフ学的催眠療法・アストラルトラベルのスペシャリスト、古代エジプト哲学とミステリーの研究者として国際的に活躍している。主な著書は『タイムトラベルからみたアトランティス』（ヒカルランド）。

ジュゴン・クスノキ（Dugongo Canfora）

ナチュラルセラピー・ホリスティック健康科学博士。スピリチュアルヒーラー。2003年よりダマヌール在住市民。ダマヌールのメディテーションの学校「インナーハーモニゼーション・アストラルトラベル」の公認インストラクター。ダマヌールでの体験、豊富な知識、ダマヌールの思想、哲学への深い理解からなされる通訳は、多面的で複雑なダマヌールを知る上で欠かせない存在として高い評価を得ている。主な著書は『タイムトラベルからみたアトランティス』（ヒカルランド）、『ダマヌール 未来への光』（ビオマガジン）。

コラムイラスト

TONNO (Yuko Takanaga) Artist, Color advisor, Plants artist, Healer

ダマヌール メディテーションの学校在籍中。「人類の神殿」の壁画を画家の一員として描く。スピリチュアルヒーラー養成学校卒業。人類の精神的進化に向けて、芸術・植物・色彩・プラノテラピーに関わりながら、ダマヌールのVAJNE市民として多岐にわたり活動中。

DAMANHUR WISDOM

【時間の帝国】宇宙ラストウォー

第一刷　2020年10月31日

著者　フェニーチェ・フェルチェ
ジュゴン・クスノキ

発行人　石井健資
発行所　株式会社ヒカルランド
〒162-0821　東京都新宿区津久戸町3-11　TH1ビル6F
電話　03-6265-0852　ファックス　03-6265-0853
http://www.hikaruland.co.jp　info@hikaruland.co.jp
振替　00180-8-496587
本文・カバー・製本　中央精版印刷株式会社
DTP　株式会社キャップス
編集担当　高島敏子

ISBN978-4-86471-847-9

神楽坂♥《ハート》散歩
ヒカルランドパーク

ダマヌールの人類の神殿

講師：フェニーチェ・フェルチェ、ジュゴン・クスノキ（通訳）

スピリチュアルの探求者ならば一度は訪れてみたい「ダマヌールの人類の神殿」とは？

ダマヌールの地下に造られた神殿は、水の部屋、大地の部屋、球体の部屋、鏡の部屋、金属の部屋、青の神殿、迷宮という、美しいいくつもの部屋で構成されています。

世界中から神殿の中で瞑想するために、何千という人々がダマヌールを訪れています。

それは自身の内なる神と人類の覚醒に向けて協力を惜しまない神々とつながることができる貴重なチャンスなのです。

日時：2020年11月28日（土）　13：00～18：00　予定
料金：16,500円
会場＆申し込み：ヒカルランドパーク
＊ZOOM 配信参加可能

ヒカルランドパーク
JR 飯田橋駅東口または地下鉄 B1出口（徒歩10分弱）
住所：東京都新宿区津久戸町3－11 飯田橋 TH1ビル 7F
電話：03－5225－2671（平日10時－17時）
メール：info@hikarulandpark.jp　URL：http://hikarulandpark.jp/
Twitter アカウント：@hikarulandpark
ホームページからも予約＆購入できます。

ダマヌールとは

ダマヌールは北イタリアのピエモンテ州、トリノ空港から約40km離れたアルプスの麓にあります。1975年に設立されたヨーロッパ最大のスピリチュアルコミュニティーです。在住市民は約300人、全員がメディテーションの学校で学ぶ知識の探求者で、精神的民族に参加しています。多くの人はヌークレオという単位で血縁関係のない20人前後の人たちが一緒に大きな家で暮らし、ヌークレオがいくつか集まって一つのコミュニティーを形成し、さらにいくつかのコミュニティーが連合体として「ダマヌール」になります。世界中には、イタリア以外に住んでいるダマヌールバイネ市民もいて、全ての人を合わせると1000人以上になります。

夢から生まれたダマヌール

スピリチュアルリーダーだったファルコ・タラッサコを中心に集まった創立者たちは、共通の思いや疑問を持っていました。それは「私は誰か」「なぜ生まれてきたのか」「なぜ死ぬのか」「死んだらどうなるのか」「生きていくことに明確な目的があるのか」「私たちはどこに向かっているのか」等々でした。これらの質問を探求しながら、現状の社会とは異なり、地球や自然や全ての存在と調和的に生き、永続可能でエコロジカルで、人類の進化に向けた精神的探求が可能なコミュニティー、愛と互助や違いを賞賛し、幸せで豊かに暮らせるコミュニティーの創立をみんなで夢に描きました。ダマヌールは、知識の探求者によって、その知識に基づいて創られた、夢から生まれたコミュニティーです。

変化し続けるダマヌール

ダマヌールの特徴は変化し続けることです。個人の問題から社会組織まで、惰性に陥ることなく、変化することで進化の可能性を模索しています。創立者が夢を描いてから30年後の2005年には、国連から「永続可能な新しい社会モデル」として表彰されました。2008年には、地球憲章国際会議からも、「地球憲章に完全に適応した実例といえる社会モデル」、として承認されました。また、精神的、芸術的、社会的な研究施設としても認められ、世界中から数多くの学者や研究者が訪れています。

イスは私たちの思い込みを指摘して、思ってもみない解決方法をもたらすことがあります。木の意識の活性化は、日本では、北は北海道から南は屋久島や奄美大島まで行いました。まだ、活性化ができていない場所もありますが、木の意識の活性化を行う日本のメンバーは、樹木と触れ合う活性化が大好きです。

セルフィカ

セルフィカは、私たちの宇宙の基本的な型の一つ、“らせん”に基づいた古代の科学で、人類のはるか昔に起源します。アトランティス、古代エジプト、エトルリア、ケルトといった多くの古代文明で、紀元前8世紀まで用いられていた知識です。セルフは、“らせん”を意味します。セルフィカの知識は、私たちの宇宙の基本的な幾何学である“らせん”を使って、知的なエネルギーを呼び寄せ方向づけることを可能にします。エネルギーを一点に集め方向づけるための、“らせん”と金属の実際的な使用法です。これにより、健康の領域や感覚の拡大や、人間が内に秘めているさまざまな技能の発達などに関与します。

セルフは日本でも購入できます　https://self.damanhur.jp

セルフィックペインティング

現代の地球で唯一ダマヌールが古代から受け継いで発展させた、マジックな知識の専門分野であるセルフィカは、宇宙に存在する光の速度よりも早い速度に基づいた次元から、境界を超えた存在のエッセンスを呼び寄せて、光の速度に基づく次元で作られた彼らの体にあたる、金属で作られた螺旋やサーキットの回路に宿らせるという科学です。進化を遂げたその一つにセルフィックペインティングがあります。セルフィックペインティングに使われる絵の具は、何年もかかって錬金術的な活性化の準備を行うことで、各色が特定の金属と同様のエネルギーの作用をもたらします。黄色は金、青は鉄、赤は銅、緑は鉛と繋がっています。そして、色、型、図式と遥か古代の文字に由来するサインによって構成されています。セルフィックペインティングは自然光や私たちが注意を向けて観ることにより、内部に宿るエネルギーが活性化し続けます。観る人たちの中に直接入り込み、メッセージを送ったり、夢などの感覚を刺激したり、感覚や直感を広げたり、私たちの中で眠っている潜在力を覚醒することに繋がり、感覚的な体験をもたらします。色、型、図式、文字、象徴は生きていて、常に変容します。サイン（信号、合図）や情報を周りの環境や絵を観る人に向けて投影します。また、違った光の下で観ることにより、異なった様相を呈するという特徴があります。絵画のタイトルは、それぞれの絵画のもつ主要な機

人類の神殿

1978年の夏の夜、創立者たちが火を囲んで話をしていました。アトランティス崩壊前から、秘教的探求者が取り組んできた課題は、「地球上に誰も触れたことがない大事なシンクロニックラインのポイントがある。それを使えたら、人類がもう一度覚醒に向かっていき、新しい可能性が生み出せる」というものでした。そして、その夜にサインとなる流れ星を見たその時から、シャベルとツルハシでシンクロニックラインのポイントを目指して土を掘り始めました。今では人類の神殿の中でシンクロニックラインのポイントは重要な役目を担い、さまざまな探求・研究に利用されています。また、この神殿は人類に捧げられたもので、私たちに内在する内面の神の覚醒を導きます。1978年の夏の夜から42年経った現在でも未完成で、未だに神殿は日々掘り続けられています。

ダマヌールのプラノテラピー

創立当初からダマヌールの主要な研究分野の一つはヒーリングです。その中でもプラノテラピーは自然医学の筆頭であり、ダマヌールの数々のヒーリングの中でも基礎となる重要なもので、肉体、マインド、魂といった人間の存在全体に、同時に働きかけることが可能な唯一のヒーリングです。ヒーラーがオーラを介して中継する繊細で賢さを持つプラノテラピーのエネルギーは、特にバランスの崩れている部分に集中して流れ、全体の調和を取り戻すことをサポートします。他のどんな治療法やセラピーとも併用でき、それらの効果を促進するように働きます。さまざまな症状の改善、健康の推進維持、病気の予防に役立ち、シンクロニシティーを引き寄せて、自己治癒力を引き出すように働きます。また、プラノテラピーは可能性を広げ、未来へと働きかける命の情報とも言えます。

ヒーリング／プラノテラピーリーフレット　https://www.damanhur.jp/

木の意識の活性化プロジェクト

かつて調和のとれた時代では、樹木と人間が精神的進化のために共同していたと言われます。ところが人間が森林破壊を繰り返し、植物を単なる物質としかみなさない時代が続いて、人間は樹木の信頼を失い、精神的進化の共同は困難になっていました。かつてのような樹木と人間の関係を取り戻すために、ダマヌールのプロジェクトの一つに「木の意識の活性化」があります。植物の代表である樹木は、知性や感情や感覚も持ち、穏やかで長期的な視野からのアドバ

ダマヌール日本主催セミナー

※ワンデイセミナーと2日間セミナーがあります

過去生リサーチ

私たちの魂は、この広い宇宙の拡がりの中を旅しながら何度も生れ変わり、多くの体験を刻んでこの時代に生まれてきています。このセミナーでは、自らの過去からもたらされた豊かな才能や可能性を認識するために、さまざまな体験を提供します。ダマヌールの過去生のリサーチは、催眠療法やチャネリングによる前世療法とは全く異なります。自分の記憶の感覚を拡大するセルフィックなテクノロジーの恩恵と綿密な事前調査、そして、経験豊かなインストラクターのリードの下、はっきりと意識のある状態で自分自身で記憶をよみがえらせることに挑戦します。楽しみながら、自分の過去の人生を感じ体験する2日間です。それは、自らの魂の歴史を深く知り、今の人生を進化に向けて飛躍させるチャンスにもなります。

アストラルトラベル

アストラルトラベルは、本来すべての人間が持つ素晴らしい可能性の一つです。それは、私たちのオーラの一部であるアストラル体で、自身の肉体を離れてアストラル次元を旅することです。アストラル次元はとても広大で、多くのレベルに分かれています。実は、私たちは、普段眠っている間にアストラルトラベルをしていますが、多くの場合その認識がなく、その体験を精神的成長に活かしていません。このセミナーでは、意図的に明確な意識を持ってアストラルトラベルができるようになるために、アストラルトラベルのメカニズム、誰もが安全に行えるための訓練方法、広大なアストラル次元の構造等を学び、実際に体験します。継続的に訓練を積み重ねることで、誰もがアストラルトラベルの技能を発達させることができ、究極には、高いレベルのアストラル次元へのコンタクトや、SF映画のような体験さえも可能になります。また、訓練を重ねることで、徐々に、直感や知覚のキャパシティーが拡大し、オーラの働きも活性化され、現実をより広い視野と感覚で認知するようになります。そして、新たな価値観が生まれ、生きる意味、死の意味をより深く理解できるようになるでしょう。あなたも優れたアストラルトラベラーになって、人生をより豊かで調和的に生きてみませんか？

能を表しています。

ダマヌール聖なる森のサーキット

イタリア・ダマヌールの聖なる森には、彩色した石を置いて描かれた、ある種の図形（らせんや迷路）があり、サーキットと呼ばれています。何キロにもわたって広がる森の中のサーキットは整備が進められ、地下にある人類の神殿につながり、人類の神殿と同じ機能を持つ「植物の神殿」となっています。サーキットは、地球のシンクロニックラインから得られるエネルギーで活性化され、それぞれに異なった機能を持っています。この中を歩くことは、非常にダイナミックな瞑想です。知覚を広げ、インスピレーションを得、夢を刺激し、身体の機能のバランスをとるために用いられます。サーキットは、より高い振動のプランとのコンタクトを容易にし、チャクラや肉体のエネルギー構造に強烈に影響します。この理由から、サーキットは、人類の神殿での瞑想の準備に用いられています。サーキットのエネルギーフィールドは、必要とされる機能に従って、神殿自体から調整されています。

光を使ったり、植物や動物の種のマインドの周波数とつながることを通して、内面的な調和のとれた状態に至ることが可能です。いくつものレベルがあり、段階を追って、私たちの内面的なより新しい深い次元に飛び込み、知られざる自分の深い部分を発見していきます。

夢の道

ダマヌールは、人間の持っている可能性について、いろいろな方面から探究してきました。その中で、この夢の感覚を拡げることが人間の未知なる可能性を拡げていくことがわかり、今も研究し続けています。夢の感覚は、人間が本来内面に持ちながらも普通は眠らせたままでいる、とても大切な能力の一つです。実は、人間は常に夢を見ます。しかも、覚醒している時も夢を見ます。私たちは、五感で認知している世界だけではなく、もっと拡がりのある次元を生きています。このコースでは、「真の現実」をより感じられるようになるため、よりはっきりと夢を見たり、夢の感覚を鍛えるために役に立つ知識や技能を学びます。そして、訓練することによって、あなたの未知なる可能性が開くことでしょう。

人生を越えて～より良く生きるために、死のメカニズムからのアプローチ～

人はどこから来て、どこに向かっていくのでしょうか？　誕生して今を生き、そしていつかは誰にも訪れる「死」について、私たちは何を知っているのでしょうか？　ダマヌールの哲学では、輪廻転生を人間が進化し続けるための道と考えています。死は終わりではなく通過点であり、次の人生への再出発点なのです。より良い人生を生きるためには、死を漠然とした不安として頭の隅に置くのではなく、本来の意義やそのプロセスを明確に理解することが大切です。なぜなら、死は間違いなく人生の集大成といえる体験なのです。このセミナーでは、ダマヌールが受け継いだ秘教的知識に検証を重ね、実際に生まれ変わりのプログラムにも活かしている、死のメカニズムを明らかにしていきます。そして、よい死を迎えるための日常的準備について、また、死にゆく人が穏やかな旅立ちを迎えるために誰もが行えるサポートなど具体的にお伝えします。これらの知識は、大切な人の死に向き合う方々に、医療・介護関係者や死に関わるさまざまな職種の人に、そして、自分の人生をより豊かに生きるために大きな助けとなるでしょう。

スピリチュアル物理学

本来、科学や物理学は私たちの人生に深く関わる自然や宇宙との関係や真実を明らかにしていく知識であり、より良く生きるために不可欠なものです。実は、宇宙全体の一部として存在する人間が肉体、魂、マインドが総合的に関わるホリスティックな存在であるように、宇宙全体も物質的な部分と物質ではない多次元やエネルギーから成り立っています。ダマヌールの哲学の根幹をなすスピリチュアル物理学は、現代物理学では解明できない未踏の領域に達しています。このセミナーで学ぶ知識を深く理解し、人生に活かして、正しい動機に基づいて行動する時、あなたは宇宙の法則の一つであるシンクロニシティーを引き寄せることができます。

コスミックコンタクト

地球には、18本の主要なシンクロニックラインというエネルギーの河が地球を取り囲む網の目のように分布しています。宇宙全ての星々は、このシンクロニックラインによって宇宙全体が一つのネットワークになっています。ですから、私たち人間の身体の細部まで神経の分布があって、全体が一つの機能としてつながっているように、宇宙全体の無数の星々を一つのネットワークでつなぐ、宇宙の神経分布のような働きを持っています。宇宙の離れた星々の間での情報のやり取りには、このシンクロニックラインを通して、情報やアイディアのやりとりが可能です。けれども、このシンクロニックラインにアクセスするためには、2本以上のシンクロニックラインが交差する所で派生する扉の機能を持つ場所からのみ可能です。地球上で4本ものシンクロニックラインが交差するポイントに、扉の機能を持つ特別な場所として実用的に使うために建設されたのが、人類の神殿です。シンクロニックラインの扉は、地球の自然のサイクルと連動して、年間に数回宇宙に向けて開かれるリズムがあります。それが、夏至、冬至、春分の日、秋分の日といった時期です。そういう時期にダマヌールの神殿を訪問する世界からのゲストたちに、人類の神殿の中で、シンクロニックラインを通じて、宇宙の遙かかなたの他の星の文明にコンタクトしたり、また他の星の賢さを持った存在とコンタクトする可能性を提供します。

インナーハーモニゼーション

インナーハーモニゼーションは、ダマヌールで広く用いられているメディテーションのテクニックの一つ。身体のシンプルな動きや母音を響かせたり、色の

【ダマヌールのペンデュラム】

私たちの内面には、宇宙のすべての答えがつまっている秘密の小部屋があります。ペンデュラムは、その中にある答えを拡大し、外へ表現するためのシンプルな道具です。シンプルであるがゆえに、多くの場合、私たちの思いこみや先入観、不適切な質問等により、正しい答えを引き出せずにいます。実は、使う人の内面が適切に準備され、正しい質問がなされると素晴らしい探究の可能性が拡がるものなのです。セミナーでは、ペンデュラムの第一人者であるフェニーチェから、ペンデュラムの理論や基本的な使い方を学び、具体的な訓練の方法を体験します。正しい知識と継続した訓練、使う人の精神的進化により、より繊細な感覚で正確な答えが導きだせるようになります。ペンデュラムは、日常の些細なことから人生の重要な選択まで、幅広く助けになります。あなたの人生の可能性を拡げるためにペンデュラムを役立てましょう。大切なのは、道具ではなく、あくまでもあなた自身です。

持続可能なコミュニティーをどうやって実現するか

～社会的錬金術の知識による、
人間のグループがもたらす機能と精神的進化を実現するための秘訣と実際～

皆さんにとって、社会的錬金術という言葉は、聞き慣れないかもしれません。実は精神的進化を実現していた古代文明では、こういった知識をもとに社会的、政治的な構造が成り立っていました。つまり、個人が精神的に成長するためには、また社会自体が発展するためには、深い関わり合いをもつグループが不可欠であり、そのグループの原動力や機能を使って、個々が進化するための精神的社会学、または人間のグループの科学ともいえる知識が使われていました。残念ながら、地球上でこのような知識が忘れ去られ、物質偏重の価値観と権力を維持するための社会が主流となった結果、現代社会は今まさに崩壊の危機に直面しています。ダマヌールは、国連からも“持続可能なコミュニティーという社会モデル”と認められました。このセミナーでは、ダマヌール創立時から45年間もの激動の時代に、いかにコミュニティーを継続的に発展させてきたかという事実に加え、常に、人類全体が探し求めてきた飛躍的な精神的進化、超個人（神といえる精神性）の達成やさまざまな知識の融合を実現するために不可欠な反応を展開させる社会“精神的コミュニティー”をどのように実現していくかということについて、新たに、社会的錬金術の知識の視点から語ります。

ダマヌールの占い～秘教的知識をもとにシンクロニシティーを読む～

「人間の中には、宇宙のすべての答えがつまっている秘密の小部屋がある」という古代エジプトの賢者の言葉とダマヌールの哲学は一致しています。本来、占いは自分の中の秘密の小部屋にアクセスし、問いに対する答えを引き出す手段のひとつとして用いられてきました。セミナーでは、ダマヌールで日常的に使われる占いのなかでも、タロットカードを中心に、ダマヌールが受け継ぎ検証してきた秘教的な知識に基づくシンボルや解読のポイントについて学びます。タロットカードを通じてメッセージを受けとる時、宇宙創造の基本的な法則のひとつである“シンクロニシティー”につながり、人生本来の目的である「新しい体験による新しい見方や知識の獲得」ひいては精神的な進化に向けて、今、何を選択すべきかという示唆が与えられます。古代から伝わる秘教的知識の本を起源とするタロットカード。今までと違う占いがもたらす可能性を発見することになるでしょう。

植物とのコンタクト

森林浴やガーデニング、樹齢数百年という樹木に人々が癒されるのは何故でしょう。植物は、常に光・水・風と調和して生きており、さまざまな鳥や昆虫、小動物が植物のもとに集まり共存しています。ダマヌールでは、植物にも人間と同様に、個性や感情、学習能力があること、彼ら同士でコミュニケーションをとっていることを明らかにしています。しかし、彼らは人間と違って、ゆっくりとした時間の中で生きるとともに、個々の体験を全体で共有する賢さを持っています。人々は、植物の知性あふれる大らかで調和的なオーラに触れる時、知らずして癒されているのです。かつて、人間が植物と共生していた時代には、現代のような自然破壊はありませんでした。私たちが、忘れつつある植物とのコンタクトの能力を取り戻し、そこから得た知恵を日常に活かすことは、人間の進化にとって重要なことなのです。自然の中、リラックスしながら、植物に尊厳を持った態度で彼らの声に耳を傾けてみましょう。通常の森林浴では、得ることのできなかった植物からの深いメッセージを受け取る時、驚きとともに、あなたの人生がより豊かになるでしょう。ダマヌールで植物とのさまざまなユニークな実践を重ねてきたフェニーチェが、植物の叡智について語るとともに、参加者と植物とのコンタクトの導入をサポートします。

ダマヌールの人生哲学の根幹をなすのが、スピリチュアル物理学です。神秘を解明する革新的で偉大な人生のビジョンを受け取り、あなたの人生に刺激と進化をもたらしませんか？

日時：2021年５月15日（土）16日（日）10：00～18：00
会場：調整中
講師：フェニーチェ・フェルチェ
参加対象者：アストラルトラベル１修了者
テーマ：アストラルトラベル２

日時：2021年11月20日（土）21日（日）10：00～18：00
会場：調整中
講師：フェニーチェ・フェルチェ
テーマ：過去生リサーチ

ダマヌール日本は、世界中にあるダマヌールのセンターとして、持続可能な社会を実現するための情報、より良く生きるための精神的な知識やヒーリングを日本にもたらすために1999年より活動しています。インストラクターによる２日間セミナー、ワンデイセミナー、ミニセミナー、現地体験セミナー等の開催。メールマガジン、ニューズレターの発行。ダマヌール関連書籍やCDの紹介。クラシックセルフの紹介。ダマヌールの主要なヒーリングであるプラノテラピーの紹介。木の意識の活性化の実施。ダマヌールを知る会、セルフィックペインティングを観る会の開催などを行っています。

ダマヌール日本のHP　https://www.damanhur.jp
ダマヌール日本のFB　https://www.facebook.com/damanhur.jp
YouTube動画
https://m.youtube.com/channel/UC_ZP_eHARKLgS0IJNG2h5tA/videos
ニューズレターぽぽろ　https://www.damanhur.jp/ニュースレターぽぽろ
メールマガジン登録　https://www.damanhur.jp/ダマヌールを知る/メールマガジン
ヒーリング　https://www.damanhur.jp/ヒーリング

【問い合わせ先】
ダマヌール日本神戸センター　damanhur-kobe@s5.dion.ne.jp
T/F　0798－23－9161
ダマヌール日本支援ネットワーク　イピアル　jpjal@crux.ocn.ne.jp
T/F　052－683－8233

自己治癒とダマヌールのセルフヒーリング

人はなぜ病み、そしてなぜ癒えるのでしょう。巷には多くの健康情報が溢れていますが、外からの情報に翻弄されるばかりでは真の治癒には至れません。本当に健康になるためには、自分が唯一無二の存在であるという前提で、身体や心の声に耳を傾けることが必要です。ダマヌールでは、人間の身体を魂が宿る第一の神殿とみなし、各自に適した総合的な方法でケアすべきだと考えています。人間は、肉体、マインド、魂からなるホリスティックな存在であり、全体のバランスがとれてこそ本当の意味で健康といえます。このセミナーでは、本質的な身体とマインドの関わりや働きをシンプルに見直し、身体のバランスを整えるために不可欠な要素を整理して学びます。そのうえで各自が持っている自然治癒に至るパワーをいかに引き出していくかを理解し、その可能性を活性化させます。この活性化はダマヌールの長年に渡る調査研究によって実用化されたセルフィックなテクノロジーを用いて行われます。

ダマヌール現地体験セミナー

ダマヌールへの旅は、あなたの人生を進化の方向へと加速する新たなスタートとなるでしょう。４本のシンクロニックラインが交差する奇跡のエネルギースポットに存在する光の都市ダマヌールへ。現地ダマヌールでの滞在型セミナーです。ダマヌールを多角的に体験していただくための初訪問者向けプログラムとなっています。国際連合からも表彰された「エコロジカルな社会モデル」を広い視点から学びます。人間が夢に向って共に働き、実現した“人類の神殿”、そこに宿る人間の偉大な未知のパワーに触れ、地球上で稀で貴重なダマヌールのマジックなエネルギーで魂を滋養する貴重な機会。魂の進化を加速させるシンクロニシティーとつながる可能性が拡大するチャンスです。

※2020年は実施いたしません。2021年以降については、ダマヌール日本のHPやメルマガ等で最新情報をご確認ください。

セミナー開催予定

日時：2020年11月23日（月・祝）と11月29日（日）の２日間　10：00～18：00
参加費：40,000円（Zoom 配信のみ）
講師：フェニーチェ・フェルチェ
テーマ：スピリチュアル物理学

◎選べる２つのタイプ

バンブーには基本性能に絞り、あらかじめプリセットされた12の音源のみが利用可能なベーシックに加え、128の楽器リストから音源をセレクトできるなど、プロ音楽家の方にもご満足いただける多機能搭載型のバンブー・Ｍもご用意しました。

●バンブー・Ｍで使える機能

楽　器	128の楽器リストから音源をセレクト
音　階	12音
音／秒	１秒に0.5から３音をセレクト
和　音	短音、３音、３和音をセレクト
基本周波数	440Hz、432Hz、426.7Hzの３種類
プロファイルを保存	変更した設定を保管
MIDI	別売の専用ケーブルでMIDI機器に接続

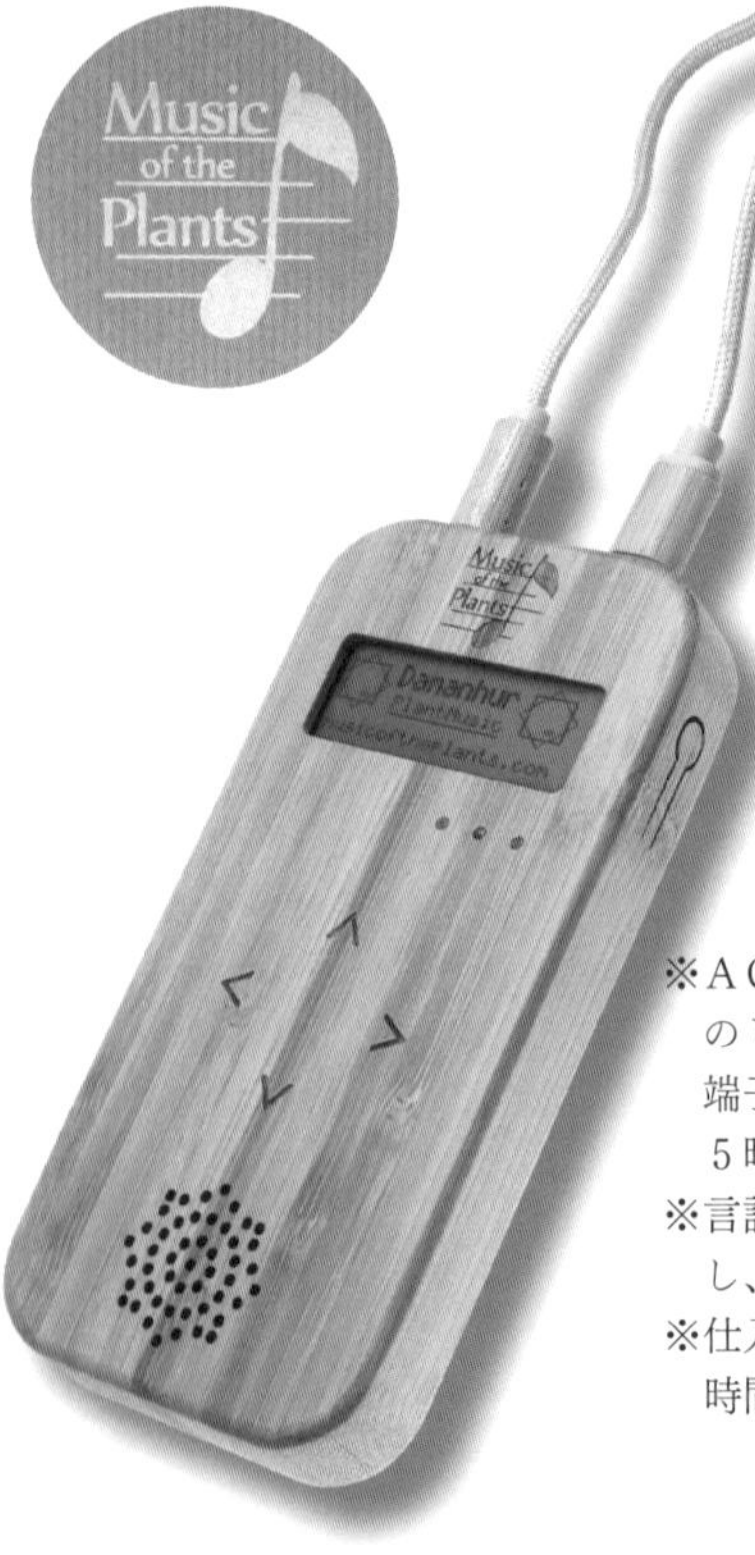

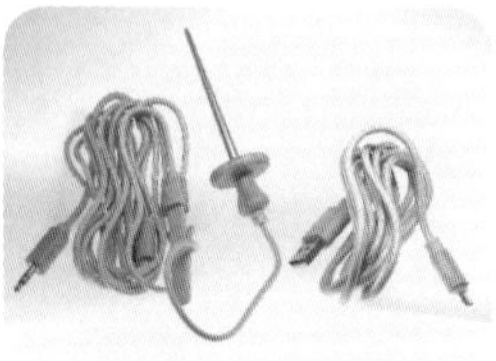

バンブー（BAMBOO）
■バンブー・ベーシック　66,815円
（税・送料込）
■バンブー・Ｍ　73,333円
（税・送料込）

●付属品：植物コネクトケーブル１本、マイクロUSBケーブル１本

※ACアダプタは付属していませんが、お手元のUSB－ACアダプタや、パソコンのUSB端子で充電できます。１回のフル充電で４～５時間の利用が可能です。
※言語表示に日本語はありません。英語を選択し、同封の日本語の説明書をご参照ください。
※仕入元からの直送となり、商品の到着までお時間をいただく場合があります。

ヒカルランドパーク取扱い商品に関するお問い合わせ等は
メール：info@hikarulandpark.jp　URL：http://www.hikaruland.co.jp/
03-5225-2671（平日10-17時）

＊ご案内の価格、その他情報は発行日時点のものとなります。

本といっしょに楽しむ ハピハピ♥ Goods&Life ヒカルランド

植物のメロディーを奏でる音楽装置・バンブー
人間と植物のテレパシックな交流を体感しよう♪

◎植物と人間は意思疎通できることを“ダマヌール”が証明

植物は高い知性と感情を持ち、宇宙の成り立ちにも深く関わっていることをご存知でしょうか？　実は植物とは、人間の感情や思考をテレパシーで読み取り、親しみを持った人には癒しだけではなく、メッセージやインスピレーション、エネルギーを送ることのできる存在なのです。

イタリアに拠点を置き、人類にとって持続可能な社会モデルを模索し続けているスピリチュアルコミュニティー“ダマヌール”では、植物との調和的な共存共生を実践し、人間と植物の意思疎通などについて検証を重ねてきました。

1970年代に行われた研究では、植物の生体電位を検出する機器を開発し、植物の反応を電気的に扱うことに成功しています。その後、研究はさらに発展し、植物がランプを点灯したり、ドアを開閉したり、さらには植物が自分で運転する自動車など、植物が持つ意識や意思を応用した機器が数多く生み出されました。今回ご紹介するスマホサイズの音楽装置・バンブーもそうしたダマヌールの成果の一つ。植物の意識・気持ちを音に変換して美しく奏で、どなたでも簡単に楽しめる一台となっています。

◎植物と心通わせる癒しのひと時をバンブーがお届け

バンブーは、デヴァイスを植物に繋げることで、生体電位を音・メロディーに変換します。高性能の小型スピーカーと、マイクロ USB ケーブルで充電可能なバッテリーを内蔵し、室内でも屋外でも手軽に植物の奏でる歌声を届けてくれます。

使い方は、付属のコネクトケーブルで本体と植物の葉、および土の部分を繋ぐだけ！　接続が完了すれば、植物の種類、花の種類、樹木の種類によってさまざまなメロディーが鳴り響き、植物が持つ優しくも奥深い世界へと誘ってくれるでしょう。

◎植物との共鳴だけではない。バンブーにはこんな使い方も

自宅で栽培している植物や、公園などで咲き乱れる美しい花々——。バンブーを繋ぐことで植物との意思疎通は無限に拡がりますが、さらにバンブーは人と植物、人と人との間でも使うことができるのです。

一人は電針を持ち、もう一人は電極を耳たぶにつけてみましょう。そして、お互いの空いている手で握手をすれば、二人の間で気（生体電磁気）が流れ音楽を奏でます。また、植物の葉に電極をつけておいて、片手に電針、もう一方の手で葉をつかめば、植物とのエネルギー交換が可能になります。

携帯アプリを使う

携帯電話のアプリでラジオを聴く方法

① iOS（iPhone など）は左の QR コード、アンドロイド携帯は右の QR コードから Voicy 専用アプリにアクセスします

App Store からダウンロード　iOS

Google Play で手に入れよう　Android

②「Voicy」アプリをダウンロード（インストール）します

③「イッテルラジオ」で検索すると番組が出てきます
フォローすると更新情報が表示されて視聴しやすくなります

フォローしてくれると
石井社長が
泣いてよろこぶよ

検索バーで
「イッテルラジオ」
を探してみてね

リスナーさんからのコメントや質問も大歓迎! 毎朝8:00に「イッテルラジオ」でお会いしましょう♪

voicy

ヒカルランドのはじめてのラジオ番組がスタートしました！

声のオウンドメディア

voicy（ボイシー）

にて、ヒカルランドの

『イッテルラジオ』

毎朝8:00～絶賛放送中です！

パソコンなどのインターネットか
専用アプリでご視聴いただけます♪

パソコンを使う

インターネットでラジオを聴く方法

①こちらのQRコードか下記のURLからVoicyの『イッテルラジオ』にアクセスします
https://voicy.jp/channel/1184/

PC

②パソコン版Voicyの『イッテルラジオ』につながります。オレンジの再生ボタンをクリックすると本日の放送をご視聴いただけます